Para a
Glória de Deus

Neli Silva

Para a Glória de Deus

Poemas, jograis, meditações, representações e peças para edificação espiritual e comemorações.

CAMINHO DAS IDÉIAS

PARA A GLÓRIA DE DEUS

CAMINHO DAS IDÉIAS

Editor: *Rubenal Hermano Santos*

Edição a Cargo de: COMERCIAL EDITORA
HERMANO & BUGELLI LTDA - MF: *Caminho das Ideias*
Endereço: *Rua Coronel Emidio Piedade, 659*
Bairro: *Pari - São Paulo - SP*
CEP: *3057-010*
Fone: *11 3482-5055* e 2692-1832
Site: *www.navegareditora.com.br*
E-mail: *navegar@navegareditora.com.br*

FICHA TÉCNICA
Projeto editorial: *Rubenal Hermano*
Preparação de originais: *Equipe Navegar*
Composição e diagramação: *Editoração: VBS S/C*
Capa: *Rubenal Hermano*
Revisão: *José Tarcísio Barbosa e autora*
Fotos: *Acervo da autora*
ISBN: 978-85-7926-013-1

Para a Gloria de Deus. ---
São Paulo, SP: Neli da Silva Poiani 2009

1. Contos brasileiros - Coletâneas 2. Coletâneas brasileiras 3. Poesias brasileiras - Coletâneas
CDD - 869.9308
- 869.9108

Índice para catálogo sistemático
1. Contos: Coletânea: Século XXI: Literatura brasileira - 869.9308
2. Crônicas: Coletânea: Século XXI: Literatura brasileira - 69.9308
3. Poesias: Coletânea: Século XXI: Literatura brasileira - 69.9308

Impresso no Brasil 2009 - Printed in Brazil

APRESENTAÇÃO

Sei que iniciei minha declamação muito novinha porque me lembro de andar pela casa repetindo os versos que

Papai fazia à moda cearense. Aos sete anos declamava Olavo Bilac, nas escolas e autores evangélicos nas Igrejas Evangélicas. Não parei mais nem de declamar, nem de escrever.

Escrevi – Livre Como Uma Gaivota, romance paradidático – estória da Professora Hilda, corajosa, esperançosa, cheia de fé, autêntica freireana, que não mediu esforços para salvar seu aluno Jaiminho da indiferença. Do desamor dos desajustes do lar onde vivia. Um lar onde faltava Deus!

Este foi o meu primeiro vôo literário publicado. Livro que teve a honra de ser prefaciado pelo saudoso Poeta Cristão Gióia Junior – Poeta de renome e muita inspiração, cujas poesias declamávamos nas Igrejas Evangélicas.Porque Deus agraciou-me também com o dom da declamação que assumi como um ministério. Depois participei da Antologia: Mulher – Poesia – Hoje, que trouxe Poetisas de todo o Brasil.

Hoje, estou muito feliz, porque no Livro – Para *A Glória de Deus* – reuni pequena parte de um Trabalho fecundo que realizei nas Igrejas, quando Deus pela sua maravilhosa graça houve por bem me inspirar para compor páginas para a sua honra e glória.

Escrever para Deus é uma experiência inexplicável tal a sua magnitude.Colocar-se à Disposição do Senhor, consciente da sua soberania – deixar-se conduzir pela viração das águas – deixar-se levar pela força do Espírito

Santo é (digo isto sem medo de exceder-me) a mais extraordinária experiência que um ser humano pode experimentar. Porque como a corça brama pelas correntes das águas assim a nossa ama suspira pela presença de Deus.

Estou certa de que este livro será precioso nas programações da sua Igreja e também falará ao seu coração nos momentos que precisar aquietar-se na Presença do Senhor, porque dele jorram rios de água viva!

Atualmente tenho alguns Projetos em andamento.

Atendendo ao Ide do Senhor Jesus, exerço o Ministério da Poesia – declamando nas Igrejas onde tenho a honra de ser convidada. O Projeto Cultura em Versos - Declamando poemas de minha autoria e de diversos autores em lançamentos de livros e em Eventos Especiais.

Neli Silva

NAS INCERTEZAS DO AMANHÃ JESUS CRISTO É O NOSSO MELHOR CAMINHO.

Na sociedade moderna que estamos inseridos cada vez mais o ser humano busca respostas que venham satisfazer as suas necessidades no seu dia a dia.

Em várias áreas esse processo ocorre tenazmente, no entanto quero destacar a informática como o grande exemplo dessa sociedade que não tem tempo para grandes reflexões e necessita de respostas rápidas e imediatas para os seus problemas.

Quando reflito sobre a proposta desse maravilhoso livro, que busca marcar em nossas mentes datas tão importantes e através de pensamentos preciosos nos levar a rever valores, fazendo-nos adentrarmos ao mundo do contemplativo, fico esperançoso. Esperançoso porque apesar de toda a nossa dependência da informática, existem lampejos de sabedoria nas reflexões poéticas, bem como na valorização de datas e pessoas indispensáveis para a continuidade dessa sociedade tão carente de valores abstratos.

A autora Neli Silva consegue levar o leitor a enxergar na poluição social da busca de satisfações, que ainda é possível uma boa leitura que nos faça refletir e buscar nesses valores poéticos e históricos ensinos para uma vida realmente feliz e abençoada.

Querido leitor aventure-se neste maravilhoso livro, desfrute desta caminhada e respire valores abstratos que tanto nos fazem falta para vivermos dias melhores.

Um grande abraço e que Jesus venha tocar em seu coração e abençoa-lo grandemente mostrando o melhor caminho a ser seguido.

Pastor Romeu Barbosa da S. Junior

SUMÁRIO

Guarda com toda a diligência o teu coração porque dele procedem as fontes da vida.

MARIA VAI COM AS OUTRAS

Ela não é "Maria vai com as outras". Procura seguir o próprio coração porque dele
Procedem as fontes da vida. Nem tudo o que balança, cai. Fica, porém atenta para que
Os seus sonhos projetos e esperanças não desmoronem.
Sabe que tudo pode naquele que a fortalece.
Esse pensamento a conforta em meio
As tempestades dessa vida. Já ouviu tantas vezes: nem tanto ao mar, nem tanto a terra.
Assim, é mediadora por excelência em conflitos familiares, promovendo em seu lar

Serenidade e paz porque a mulher sábia edifica a sua casa.
Água mole em pedra dura tanto bate até que fura?Conhece este adágio também,
Por isso persuade o tempo todo.Vigia o tempo todo e prega em tempo e fora de tempo.
Está cansada de saber que não é bom trocar o certo pelo duvidoso; afinal é melhor
Um pássaro na mão do que dois voando ainda mais quando o pássaro é uma pomba,
"Este é o meu filho amado".
Assim, essa guerreira luta, sofre, dá a cara à tapa! Sempre firme!Aprendeu pelo exercício da fé que somente em Deus está tanto o querer quanto o efetuar. Que mulher é esta? Não descobriram ainda?
Preciso dizer? É a Nossa Esperançosa, Sábia, Abençoada Mulher Cristã!

CORAGEM

Aproxime-se Mulher!
Ergue a sua fronte!
Encara o seu mestre!
Ei-lo na cruz
Pregado por você
Séculos e séculos.
E você mulher.Olhos ansiosos,
Coração angustiado, alma aflita...
Ave a bater em retirada!
Aproxime-se!
Contempla-o!
Ele valorizou suas emoções
Coloriu seus sonhos de mulher
Resgatou sua alma!
Amou-a até demais!
Seja corajosa!
Aproxime-se
Assume o seu amor.
Esquece o mundo!
Enfrenta as multidões
Os julgamentos
As pedras atiradas.
Abre a sua boca
Solta a sua voz
Fala da lágrima que ele enxugou,
Da ferida que cicatrizou,
Do riso que fez nascer,
Da figueira que fez florir!
Proclama o seu amor!
Confessa para o mundo,
Que como Pedro você é
Sua seguidora,
Sua ovelha,
Sua escrava.
Confessa sem temor
Confessa corajosamente
Que agora você tem a alma nova
Pura! Redimida por esse Amor

SANTIFICAÇÃO

(Jogral – 6 Mulheres)

1 – Santificada para ser morada do Espírito Santo

Todas - Não sabeis vós que sois o Templo de Deus – e que o espírito de Deus habita em vós?

2.3 - Senhor, não me lances fora da tua presença e não retires de mim o teu Espírito Santo.

4.1 - E tendo nele crido fostes selados com o Espírito Santo da Promessa.

5.6.1 - Mas recebereis a virtude do Espírito Santo que há de vir sobre vós.

Todas - E todos foram cheios do Espírito Santo.

(Cantam um corinho ou uma estrofe de um hino)

2 - Santificada para viver em novidade de vida.

3.1 - Mas como é santo aquele que vos chamou

2.6.4 - Sede santos em toda a vossa maneira de viver

Todas - Sede santos, porque eu sou Santo.

3 -Santificada!

Todas: Para fazer a vontade de Deus!

5.6 - Porque esta é à vontade de Deus!

Todas: A vossa santificação!

(solo – Hino 224 – N.C)

Todas: Santificada!

4.3.1 - Para ser cheia da Plenitude de Deus

2.6.5.1- Para poderdes compreender com todos os Santos

3.4.5.2- A Largura

1.6.2- O Comprimento

1.4.6.5 - A Altura

1.6.3.4 - A Profundidade

Todas: Do amor de Cristo que excede a todo o entendimento

5 - Santificada para conhecer a Verdade.
6 - Santifica-os na verdade.

Todas: A tua Palavra é a Verdade!

1.2.3 - Faça-nos, Senhor.

Todas - Com ousadia, proclamar a tua palavra!

(Primeira estrofe de um hino Sugestão 304 C.C.).

1 - Santificada para santificar a família.

4.5.6 - Porque o marido descrente é santificado pela mulher Crente

4.3.2 - E a mulher descrente é santificada pelo marido crente

1.2.4 - Assim, também são os filhos:

Todas - Santificados!

5.6.1 - Santificada!

3.2.1 - Para Santificar

Todas - O nome de Deus!"Pai Nosso que estais nos céus".

1.5.6.4 - Farás uma lâmina de ouro puro e nela gravarás:

Todas - Santidade Ao Senhor!

3.5.2.1- E as panelas na casa do Senhor serão como as bacias Diante do altar.

1.2.3.4 - Santificado seja o teu nome!

2 - (em oração) – "Ó Senhor, quem é como tu glorificado entre os deuses".

5.6 - Terrível em louvores?

Todas - Operando maravilhas?

(Dueto – Sugestão Hino 33 – N.C.).

1.2.3.4 - Santificadas!

Todas: Para reinar com o Senhor!

5.6 - Que sejais irrepreensíveis em santidade

4.5.1 - Diante de Nosso Deus e Pai.

Todas - Na vinda do Nosso Senhor Jesus Cristo com todos os Seus santos.

1.2.5.3 - Eis que é vindo o Senhor!

Todas - Com milhares dos seus Santos.

Deus reina sobre as nações; assenta-se sobre o trono da sua SANTIDADE!

(Cantam um hino glorioso – Sugestão Hino 287 N.C.).

1.2.3.4. - Os Santos do altíssimo receberão o Reino1

Todas - Possuirão o Reino para todo o sempre e de Eternidade em eternidade.

(Os hinos devem ser escolhidos de acordo com o Jogral)

SALVE O DIA INTERNACIONAL DA MULHER

Toda a mulher sábia edifica a sua casa, mas a tola derruba-a com as

Suas próprias mãos.(Prov. 14.1).

(Jogral para 4 crianças)

1 – Hoje comemoramos o Dia Internacional da Mulher!

2 – Que legal! Que legal!

3 – Também acho, porque seremos um dia lindas mulheres!

4 – Inteligentíssimas mulheres!

1.2 Chega de conversa e vamos ao que interessa!

3 - A lei 6.791 de 9/06/1980 instituiu o Dia Internacional Da Mulher!

4 - Para que?

Todas - Para incentivar a integração da mulher no processo de desenvolvimento pessoal e social.

2 - Falou pouco, falou bem, Mas não entendi nada.

1 - Estou dizendo que este dia foi instituído para que o mundo prestasse mais atenção ao trabalho e a força da Mulher!

3 - Que chocante! Pois então prestem atenção, tenho anotado aqui: A lei. 1822 concedeu Á Mulher o Direito a instrução.

2 - Gente! Que horror! A mulher não podia estudar?

4 - Só o curso primário.

1 - Não fiquem tão bravas!Lamento dizer: Só os meninos podiam freqüentar os liceus e os ginásios.

3 - Tenho anotado aqui: A primeira Mulher Brasileira que conquistou um título universitário foi Maria Augusto Generosa Estrela

Todas: Formou-se em que esta heroína?

3 - Em Medicina, nos Estados Unidos.

1.2 Graças a uma bolsa de estudos concedida por D.Pedro II

3.4-Myrtes Campos: Primeira Advogada Brasileira em 1.905.

1 - Guiomar de Souza Monteiro: Primeira Dentista, em 1908.

2.3-Doutora Berta Lutz, Brilhante Cientista!

1.5-Doutora Carlota Pereira de Queiroz, a nossa Primeira Deputada Federal

4.3 Esta mulher lutou!

2 - Coitadinha.Lutou tanto para que?

3.4 Para que a Constituição de 1.934 desse à mulher direito ao voto.

3 - Depois veio..(tenta lembrar)

2 – Chi!Perdeu as anotações, criança?

Todas-Depois veio o Estatuto da Mulher Casada!

1.4 -Nossa homenagem hoje a todas as heroínas que nas escolas, em hospitais

2.3 -Dentro das comunidades e em todos os lugares lutam pela valorização da Mulher.

Todas - SALVE O DIA INTERNACIONAL DA MULHER!

CANTAI AO SENHOR

(jogral para 5 Mulheres)

Todas - Vamos Cantar ao Senhor Mulheres da Terra Inteira:

1 - Conscientizadas - Discriminadas

2 - Sofridas -Descrentes

3 – Humildes e fieis

Todas - Glórias ao Deus de Israel!

1. 2. 3 - Vamos Cantar ao Senhor Mulheres da Terra Inteira!

4 - Mulheres Cultas ou Não!

2 - Pobres ou Ricas

3 - Elegantes ou simples

4 - Bonitas ou Feias

Todas (tom crescente) Negras, Brancas, Mestiças, Indias, Japonesas.

Todas: Vamos Cantar ao Senhor Mulheres da terra inteira

2. 3. 5 – Ampara-nos Senhor como amparaste a Hagar!

1 – Abençoa-nos como abençoaste a Lia e a Raquel

Todas - Que criaram a Casa de Israel!

4. 5. 1 – Dai-nos a esperteza e a coragem das parteiras egípcias!

1. 2. 3 – Que desobedecendo ao Rei Salvaram o Povo!

Todas - Reconhece o nosso esforço e recompensa-nos!

1.2.3 - Como Premiaste a Raabe! Atende Senhor, as nossas Preces!

Todas - Que Sejamos Lideres Consagradas e amadas como a Sulamita!

Todas - Recompensa-nos!

1. 3. 4 - Como a Rute pela fidelidade a Noemi!

Todas - Largando tudo! Provando valer mais do que sete filhos!

4. 5. 6 – Que o Mundo enxergue, Senhor, em primeiro lugar as nossas almas!

Todas - Como Jesus o fez.

Todas - JESUS!

4. 5. – Perdoou a Adúltera!

Todas - JESUS!

1. 2. 3 – Curou a Sogra de Pedro!

Todas - JESUS!

1 – Conversou com a Samaritana – Aceitou o carinho de Maria Betania!

Todas - E a defendeu perante os fariseus!

3. 4 - JESUS!

2. 5 – Fez das Mulheres as Primeiras Testemunhas da sua Ressurreição

1. 2. 4 - Porque Corajosas permaneceram ao pé da cruz!

1. 3. 5 - Que Sejamos ó Senhor, Mulheres de Coragem como Débora!

Todas - (falar num crescendo) Miriam, Ana, Rute, Éster e Maria, mãe de Jesus!

4.5.1 - Nós, Mulheres de hoje, Cantamos Glórias a Deus!

1. -2. - 3 - Livres das amarras da escravidão.

4.5.1 - Pedras preciosas reluzindo Beleza, Brilho, Alegria e Paz!

1. 2. 3 - Por tudo isto convidamos você, mulher que nos visita a

3.5. 4 - A escancarar as portas do seu coração

1.2.4 - Aceitando o Senhor Jesus como o seu Único e suficiente Salvador

Todas - E Seja Você Também, Uma Nova Mulher! bençoada!Redimida pelo seu Amor!

ACRÓSTICO - DIA DO DIÁCONO - 18.7

(Sete Crianças Portando Letras – Entram juntas) 21

Todas: Diácono!

1 - **D**eus o separou, ungiu e abençoou.
2 - **I** ndependente de qualquer merecimento
3 - **A**colheu-o em Seus Braços Paternais
4 - **C**omo um Pai Misericordioso
5 - **O**nipotente, Excelso, Magestoso!
6 - **N**ão olhando faltas e pecados
7 - **O** abraçou como a um filho muito Amado

TODAS

Tanto amor recebeu! Retribui agora!
Este Amor tão Grande, extraordinário!
Este Amor Perfeito, Incomensurável!
Demonstrado na Cruz do Calvário

PRESBÍTERO COM P OU B?

(Diálogo para crianças)

Maria – Presbítero se escreve com p ou b?

João -Mais que dúvida mais boba claro que é com P!

Maria - Não sou boba não! Vou provar que é com b!

João - Isto! Quero ver! Prove! Aí está a lousa, vá e escreva Presbítero.

(Maria escreve bem grande, para que a Igreja possa ler: **Bresbítero).**

Maria – Pronto! Escrevi.Leia!

João – Eu não! Leia você.

Maria - (Lê alto: **Bresbítero)**

João - Ah... Bresbítero.Essa não!

Maria - E por que não?

João - Porque é com P - COM P! Ninguém pergunta por que tomate é com T e não Com C – porque piolho é com p e não com g! Ninguém pergunta essas coisas! Só você Maria!

Maria – Pois vou provar que é com B

João - AH...ESSA EU QUERO VER!

(A criança vai à lousa e escreve explicando)

Maria - **BRESBITÉRO** se escreve com **B de bondade** – porque são homens Bondosos, **B de**

Benditos porque foram consagrados por Deus para este Ministério Divino. **B de Bacanas** – porque são alegres e estão sempre prontos a cooperar e **B de Bonitos** porque quando feios por fora, sabemos que a beleza brilha como jóia rara em suas almas.

João - Ah! Vou provar agora que Presbítero se escreve com P (João Vai á Lousa e Escreve Explicando)

João – **P de paciente** – é necessário muita paciência para manter em ordem, reverência e amor a Casa do Senhor! **P de perspicaz** porque, você já pensou. Que jogo de cintura e sabedoria um Presbítero deve ter para tantos problemas Resolver? **P de Predestinado** porque...

Maria – Pára! Vamos parar agora com esta discussão boba!

João - Pensando bem, esta palavra é complicada – Deixemos que cada um escreva como quiser, porque todo Presbítero bom por excelência é:

Juntos: ***Bondoso – Bendito – Bacana – Paciente – Perspicaz***

(Sonia entra) – Quem é tudo isso?

João e Maria - O PRESBÍTERO!

Sonia - Mas, como se escreve esta palavra, com P ou b?

João e Maria -De novo não!(saem rindo)

DIA MUNDIAL DA POESIA – 14.04

MEDITAÇÃO - SONHAR É PRECISO

Nunca o mundo careceu tanto de humanidade como agora. Nunca os homens se digladiaram tanto!

Nunca sofremos tanto em consequência das nossas próprias culpas e também em consequência de culpas imaginárias. Amigo, apure os ouvidos e ouça o clamor profundo, abafado, ecoando dentro do seu coração.

Procura ouvir enquanto ainda resta em você o resquício de um sonho Qualquer.

Poesia: Bálsamo para a alma ferida, Oásis no deserto da vida, Sorriso de Esperança, desabrochar de uma flor, Paraíso.

Nunca o mundo careceu tanto de Poesia como agora!

Os que confiam no Senhor serão como os montes De Sião que não se abalam, mas permanecem para sempre. (Salmo 125.1).

PRECE

Senhor! Eis a minha prece.

O maior anseio do meu coração
Vou revelar-te agora.

Senhor! Que importa a velhice!
Bom será viver bastante.
Viver muito,
Viver eternamente!
Será bem-vinda a velhice.
Cronológica.
Que mudará o meu rosto...
Encurvará o meu corpo,
Retardará os meus passos.
Porém existe a velhice psíquica!
Ah! Senhor! Se me livrásseis dela
Eu morreria de felicidade!
Sentir o tempo passar.

Viver intensamente
Sofrer como todo o mundo
Guardando
A vibração interior
O ideal, à vontade, a fé.
Dona de coragem tão imensa
Que minhas forças
Renovem-se
A cada dia!
Senhor! Eis a minha prece!
O maior anseio do meu coração:
Faz o tempo.passar
Mas não permita, Senhor...
Que morra em mim,
Esta chama interior
Este halo de fé.
Que nutre os meus sonhos.
Este fio magnético por onde jorra
A vida que me vem de ti!

"...Vai-te e não peques mais. (João 8.11)

NÃO PEQUES MAIS

Não pecar mais, Senhor?
Não mentir
Enganar
Roubar?
Vender o próprio corpo?
Nunca mais
Trair, Senhor!
Induzir ao mal
Envergonhar os outros
Semear a discórdia
Andar em falsidade?
Não pecar mais?
Erguer a fronte
Aprumar o corpo
Sorrir com simplicidade
Falar serenamente?
Ajudar?
Compartilhar?
Senhor!
Isto me parece ainda
Tão difícil!
Não pecar mais Senhor
Aconchegar-me terna e meiga
Nos Teus Braços
Sentindo a Primavera
Cantar no meu coração?
Pensar na semente que germina
Na flor que desabrocha

No amor
Na esperança
No recomeço?
Não pecar mais, Senhor?
Se este é o teu querer
Encoraja-me!
Habilita-me!
Liberta-me!
Inunda todo o meu ser!
Caminharei contigo
De mãos dadas até o amanhecer!

(Homenagem ao C.V.V.)

APRENDE A OUVIR

Seja uma presença silenciosa.
Anime-se a ouvir os anseios
De um outro coração.
Anime-se a escutar
As queixas do seu irmão.
Seja o conforto.
O alento
A palavra de fé.
Que não lhe desanimem
As lutas
As desgraças
As falhas alheias.
Seja aquele que escuta.
Com vagar,
Atenção,
Presteza.
Corre a ouvir ansioso
Antes que caia o irmão.
Antes que o tempo acabe.
Apresse-se a ouvir.
Antes que você
Desesperadamente
Não encontre em lugar algum
Uma presença
Silenciosa e amiga
Para desabafar..

"... Estes são os que vieram da grande tribulação e lavaram.
Seus vestidos e os branquearam no sangue do Cordeiro".
(Apocalipse 7.14)

VESTIDO NOVO

Onde a amargura,
A dor, o sofrimento.
A calça suja,
A cocaína,
A blusa rasgada,
A jaqueta surrada.
O crack!
Como num sonho,
Eis aqui:
Quarto limpo,
Roupas alvas,
Cama quentinha
Vestido Novo!
Eu, decaída, infeliz.
E por mim
Cabeças inclinadas
Suplicas aos céus:
Que por Jesus eu vença
As drogas...
O desespero...
O vale da sombra e da morte.
Que por Jesus eu, prostituta.
Drogada...
Experimente o milagre
Da regeneração...
Cabeças inclinadas
Súplicas aos céus,
Eu, inteira e frágil.

Diante de um Deus imenso
Que enxerga além de mim...
Senhor!
Faze-me chorar...
Apesar de saberes
Quero contar
Da agulha fria e fina
Em minhas veias...
Dos rituais
Da dor
Da humilhação
Do desamor
Da interminável solidão.
Depois, inclinada.
Silenciosa, o coração em festa!
Faze-me conhecer
Experimentar
Usufruir
Do teu amor.
Perdão e
Graça!

"Mas tu quando orares entra no teu aposento e fechando a tua porta ora ao teu Pai que está em oculto; e teu pai, que vê secretamente, te recompensará ". (Mt 6.6.).

ORAÇÃO

Lá fora a indiferença
A frase interrompida.
O descaso
A pressa.
O problema sufocado
Na garganta.
Lá fora a correria
A agonia
As lutas.
Lá fora a competição
As discórdias
A solidão.
Quando fecho a porta
Do meu quarto..
Quando Oro, Senhor!
Quando meu débil trinado
Chega ao teu Coração
E me ouves!
Sinto-me forte.
Passarinho Restaurado
Pela tua Graça:
Para virar brisa
Que areja o mundo!
Sal da terra,
Que propaga Amor
O doce perfume de Cristo
Neste mundo sofredor!

CONVERSA ANIMADA

Participação de Cinco crianças: Camila – Ernesto – Ricardo – Silvia e Sonia - Camila entra chamando os amiguinhos, olhando para os lados, falando alto e alegre.

Camila – Ernesto, Ricardo, Silvia, Soninha!
Tenho uma Novidade!
Que de tão maravilhosa
Parece que vai explodir
Dentro do meu coração.
Ernesto - Então, fale logo amiga.
Aproveita a oportunidade
Estamos aqui tinindo!
De tanta curiosidade
Ricardo - Você falou o meu nome
E está toda animada
Que notícia boa é esta
Por que está afobada?
Silvia - Ah! Querida Amiguinha
Sei o que vai dizer!
A notícia já sabemos.
Cristo ressuscitou
Do pecado nos resgatou!
Camila –Sonia, você é muito graciosa.

Mas é desmancha prazer
Eu vim contar a novidade
Você teve que abrir a boca
Só pra mostrar que já sabe!
Sonia - Se uma disse ou a outra fal
Isto não importa agora!
Mas eu fico muito triste
Porque o mundo sofredor
Despreza de Deus o Amor!
Ernesto – Pois eu sugiro uma coisa
Em vez de ficarem brigando
Saiamos daqui correndo
Contando a Novidade
Todos: Que Deus em sua infinita Graça
Não poupou seu filho amado.
Para resgatar os seus!
E como diz a profecia
Três dias depois..
Para a nossa alegria
Ressuscitou Vencedor!

O PESO DE CADA CRUZ

Formação: O grupo de meninos à esquerda – o grupo de meninas á direita Criança menorzinha ao centro.

Meninas: Ouvi minha mãe assim dizer
Falando de uma vizinha
Esta mulher, Ó Jesus.
Carrega uma pesada cruz.
Meninos: Gente! Será uma cruz de ferro?
De aço, de peroba?
Criança: (do Centro) Cruz pesada mesmo foi a de Jesus!
Meninas: Não, acho que não é nada disso, porque depois ela baixou os olhos e disse de repente

Esta mulher sofre muito, mas Deus há de ser clemente!

Meninos: De onde se deduz – maior o sofrimento mais pesada ainda a cruz!

Criança: Cruz pesada mesmo foi a de Jesus!

Meninas: Neste caso a cruz do meu tio, deve ser de algodão.

Ele não pega no pesado, passa os dias só brincando.

E nada de "ganhar o pão"

Criança: Cruz pesada mesmo foi a de Jesus!

Meninos: E a cruz da minha tia deve ser de isopor

Ela vive no mundo da lua

Viceja de flor em flor.

Meninas: e a cruz da minha cunhada

Mulher sofrida que vive na choradeira

Só pode ser de madeira.

Criança: Cruz pesada mesmo foi a de Jesus!

Meninos: Ah! O meu tio, coitado.

Falo dele e não erro

Abandonado pela mulher

Sua Cruz deve ser de ferro

Meninas: Ah.Chega de falar em cruz

E aquela criança ali,

Só escutando tudo!

Meninos: fala criança, fala...

Criança: Digo que a Cruz mais pesada

E a mais gloriosa também

Foi ontem, É hoje e será eternamente.

A cruz do Senhor Jesus!

Meninos e meninas: É verdade!

Cruz rude, gloriosa, divina.

Cruz que nos redimiu

E a porta do céu abriu!

(A Igreja encerra entoando o hino 266 N. C).

CENAS DA RESSURREIÇÃO

LITANIA

Dirigente: Primeiro dia da Semana
Especiarias.Expectativa!
Não temas! Ele vive!
Igreja: Ele venceu a morte! Ele vive!
Dirigente: Pedra revolvida.Onde está o corpo?
Igreja: Ele venceu a morte! Ele vive!
Dirigente: Corações aos saltos! Emoção
À flor da pele! Dois varões
Resplandecentes!
Igreja: ELE VENCEU A MORTE! ELE VIVE !
Dirigente: Por que buscai o vivo entre os mortos?
Não está mais aqui.RESSUSCITOU!
Igreja: Ressuscitou! Ressuscitou!
Dirigente: Convém que o Filho do homem seja entregue Nas mãos dos pecadores – seja crucificado e Ressuscite ao terceiro dia.
Igreja: Ressuscitou! Ressuscitou!
Dirigente: E voltando do sepulcro anunciaram estas coisas Aos onze e a todos os demais
Igreja: Ele venceu a Morte! ELE VIVE!
Dirigente: Ide por todo o mundo e pregai o evangelho A toda a criatura!
(Finalizar com o hino 274 N. C).

"Do suor do teu rosto comerás o teu pão.." (Gen. 3.19)

DIA DO TRABALHO

Devia ser a sina do homem. Nada mais justo! No entanto, por uma dessas "Mágicas". Por uma razão do coração e da mente de Deus – eis que tudo se transforma!
O culpado de morte (porque o salário do pecado é a morte) torna-se PELA GRAÇA - apenas um pobre pecador e sensibiliza o coração do próprio Deus!
Pasmem: O Criador que lhe deu de presente nada mais nada menos do que um Paraíso, agora olha penalizado para a sua criatura e não o condena!
Juiz Clemente! Tão clemente que envia o próprio filho para salvar a criatura.
E o trabalho que a princípio seria punição agora, pela Graça do Senhor Jesus, pode - tornar-se motivo de júbilo,de regozijo.
Quando comemoramos o "DIA DO TRABALHO", Não podemos nos esquecer desta Maravilhosa Graça que faz a diferença entre trabalhar chorando ou Sorrindo!

"Do suor do teu rosto, comerás teu pão". (Gen.3.19)

COM O SUOR DO ROSTO

Ao romper da manhã
Altivo, singrarás os mares.
Com o suor do rosto, Pedro.
Ganharás o teu pão.
Lucas!Árdua será tua peleja
Dos doentes ao leito viverás
Porém com suor do rosto
Teu pão comerás.
Lídia, mulher talentosa!Sobre ti
Também recai a maldição
Vendedora de púrpuras serás,
Á noitinha, cansada, sem alento.
Comerás o pão do sofrimento.
Dorcas, lágrimas amargas.
Regarão o teu pão de cada dia
Belas túnicas tecerás
Sem nenhuma alegria
É o Preço da desobediência!
Carregamos nos olhos
O assombro do pecado
Em nossa alma o sofrimento
Luta renhida, beco sem saída
Não para Deus!
Que a despeito da nossa rebeldia
Rasgou o véu.Entregou Jesus
Por nós
Na Cruz do Calvário
Transformando
O suor do nosso trabalho
Em Alegria!

ROTINA DE MÃE

Formação: Um grupo de meninas representando as mães coloca-se a um canto do templo ou do palco. - Um grupo de Meninos representando os filhos coloca-se do outro lado.

Meninas – Meu filho, não saia assim.Pegue o agasalho vai esfriar!

Meninos - Está bem, mamãe, peguei e já estou saindo. Tchau!

Meninas – Meu filho, você ainda não fez a lição?

Meninos – Não mamãe, mas tenho pouca lição, já vou fazer!

Meninas – Pouca? Mas você também precisa estudar para as provas! Anda pare de brincar!

Meninos - Vou brincar mais um pouquinho.Só um pouquinho!

Meninas – Brincar, brincar...Você pensa que a vida é só brincar? Você precisa estudar para ser um bom profissional amanhã!

Meninos – Está bem, mamãe.Você ganhou!

Meninas – Meu filho, vem almoçar!

Meninos – Não quero mamãe, já comi um hambúrguer!

Meninas – Hambúrguer!Hambúrguer não é refeição!

Meninos – Ah.Mãe.Ah.Mãe...

Meninas – Ah, mãe é? E quando ficar doente? Quem vai sair correndo com você para o médico? VEM COMER!

Meninos – Mãe, a Senhora pega pesado.Vou indo.Vou indo...

Meninas – Anda! Arruma seu quarto.Tem roupa sua espalhada pela casa toda! Aproveita lava o tênis!

Meninos – Mãe! Depois eu faço isto!

Meninas – Depois? Tudo depois? Quando eu peço é assim, mas quando você pede quer ser atendido na hora.

Meninos – Pronto! Ganhou de novo! Estou indo arrumar o quarto!

Meninas – Ah!Filhos! Dão trabalho, mas sem eles a nossa vida seria vazia, triste.Completamente sem brilho.

Meninos – É mesmo, mãezinha? Sou importante assim? Contudo reconheço que às vezes sou egoista, desatento, por que mesmo assim, você me ama tanto?

Meninas – Em você Volto pelo túnel do tempo! Revivo a fase mais bela da minha vida!

Meninos – Como assim, mãezinha?

Meninas – Você representa as minhas maiores e mais profundas emoções, em você me vejo criança e acredite eu era muito parecida com você!

Meninos – Mamãe!Adorei!Você é show! Escuta, fizemos uma música pra você! (cantam uma canção)

Meninas – Você representa também minha possibilidade de crescimento pessoal, de aprimoramento, de...

Meninos - Etc.etc.etc...Mamãe você está falando demais.Já entendemos! Mãe quando começa a falar.

Todos – Mamãe, hoje é o seu dia. Aceita a nossa gratidão, viu? Nós amamos você!

Não sabemos falar com palavras difíceis.Mas você mora no nosso coração!

A todas as mães **UM FELIZ DIA DAS MÃES!**

DEFINIÇÃO MATEMÁTICA DE MÃE.

Pequena Representação
Personagens – Lúcio e Eduardo
Cena: Criança ou adolescente estudando em casa.

Eduardo: Essas lições de matemática são bem difíceis: somar, subtrair, multiplicar, dividir com estes números enormes!

Não está nada fácil!

(Entra o amigo)

Lúcio: E então, Eduardo o que está fazendo?

Eduardo: Estudando para a avaliação de matemática.

Lúcio: Amigo, sou bom em matemática.Quer uma aula particular completamente grátis?

Eduardo: Claro!

Lúcio: Está bom, mas antes vamos comprar um presente, amanhã será o Dia das Mães.

Eduardo: Puxa! É mesmo!Estou com a cabeça tão cheia de números que ia até esquecendo!

Bem já que você é tão esperto em matemática.Comece dando uma definição matemática de mãe!

Lúcio: Claro! Preparado para a primeira aula?Mas colabore, vamos pensar juntos! Eu começo: Ser mãe é Dividir primeiro a vida o sangue, o ar, o alimento.

Eduardo: Depois o amor os cuidados, a força, o afeto!

Lúcio: Depois os dons, os pensamentos, a coragem!

Eduardo: Depois a fé, a alegria, a esperança!

Lúcio: Ser mãe é também MULTIPLICAR letras, palavras, frases, discursos.

Eduardo: Talentos, obras, trabalho, gestos, sinais, caminhos...

Lúcio: Ser mãe e saber SOMAR outras vidas á dela, outros sonhos. Outros planos!Somar sorrisos.Somar bênçãos!

Eduardo: Ser mãe é também ter uma capacidade incrível para: Da dor, subtrair paciência.

Do fracasso, esperança. Do medo, coragem!

Lúcio: Ser mãe é da Ausência, Tirar saudade! Do remorso, Sabedoria! DO FIM UM NOVO COMÊÇO!

Eduardo: Sabe que fiquei emocionado?

Lúcio: Pensa que mãe é pouca coisa? Mãe é isto e Muito Mais!

Eduardo: Muito mais o que?

(Lúcio com o braço no ombro do amigo)

Companheirismo,cumplicidade,doação..

Página para ser lida com expressão ou adaptada para uma pequena representação ou diálogo.

ENCONTRO

Querida mamãe, como vai a Senhora? Por favor, não
me responda com aquela expressão vazia – Vou Bem.
Olha bem no fundo dos meus olhos e fala-me de você.
Vem, mamãe, sente-se aqui bem pertinho de mim.
Já faz algum tempo que nos conhecemos, porém ainda
não sei muito sobre você. Vejo-a sempre: lavando
Roupas, arrumando a cozinha, preparando o almoço,
trabalhando fora, numa labuta Incansável. Você,
mamãe, vê tudo, providencia tudo. Não é Onipresente,
mas Sempre está por perto. Vem aqui, fale-me de
você. Pode falar devagar, estou atento!
Na verdade, sempre estive muito comprometida com a
minha própria vida e com Os meus problemas. Nunca
na verdade considerei a sua vida, os seus problemas.
Sempre recebi tudo de você e pouco lhe dei.Quero
reparar o meu erro. Quero saber de você,
agora tenho tempo.
Sei que você não é apenas Mãe, é também mulher.
Hoje, no seu dia, a minha homenagem é simples:
quero ouvir a Mulher.
Fala mamãe, dos seus sonhos,
seus medos, suas esperanças.
Fala ao meu ouvido, bem baixinho, daquela tristeza
velada que toma conta da senhora quando a
chuva bate forte na vidraça.
Fala dos seus planos realizados ou frustrados. Fala

daquele sonho secreto. Todos temos um sonho screto. Qual é o seu sonho secreto, mamãe? Diga-me como a senhora está neste mundo Moderno? Como está a sua cabeça, mamãe? A Senhora está confusa, mamãe? Fala, mamãe. Só lhe peço mais uma coisa, quando estiver falando mergulha no fundo dos meus olhos, lembra que também sou mulher.
Saberei compreender. Chama-me de "Amiga".

ANJO EXISTE?

(adaptação para coro falado do texto de Sarah Dawsey).

Formação: Grupo de homens representando os pais conversam com um grupo de mulheres representando as mães. Uma criança ao centro.

Criança: Mamãe é verdade que anjo existe?

Mães: O Livro Santo diz que sim, meu filho.

Criança: Olhe, mamãe.Eu vou procurar um anjo.

Mães: Irei junto, você é muito pequeno para andar sozinho procurando anjos.

Criança: Eu não sou tão pequeno assim. Já visto calças compridas.Sou um homem!

E você anda tão devagar com este pé doente...

Mães: A mamãe vai andar depressa! Vamos!

Homens: Saíram. A criança pulando e correndo na frente.

Criança: Vem mãe, anda depressa.Eu quero muito ver um anjo!

Homens: A mãe sentia dores e não conseguia acompanhar os passos da criança

Criança: Mãe, a Senhora anda muito devagar devia ter ficado em casa.

Homens De repente viram um carro! Esplêndido! Brilhava como ouro á luz do sol.Dentro dele, elegante senhora!

Criança: Mãe! Olhe um anjo! E a criança correu em direção ao carro.

Homens: O carro parou como por encanto. Lentamente a mulher abre o vidro. E o menino emocionado:

Criança: A Senhora é um anjo?

Homens: A mulher olha com profundo desprezo para o menino e ordena ao chofer que siga a viagem!

Criança: (chorando) Mãezinha, aquela mulher é horrível! Ela não é um anjo!

Mães: Não é mesmo! É fria, insensível, muito diferente de um Anjo!

Homens: Mãe e filho seguiam procurando um anjo.O menino desiludido,a mãe muito cansada.

Criança: Mamãe, cadê o anjo?

Homens: Logo apareceu uma jovem de banco. Belíssima! Em seus olhos mil estrelas em festa!

A criança não teve dúvidas correu feliz ao encontro da moça.

Criança: Você é o anjo que procuro! Mamãe veja! Achei o anjo!

Homens: A moça tomou-o nos braços, beijando-o ternamente.

Mães: Você é um amor de menino! Agora, conte-me por que pensa que sou um anjo?

Homens: Antes que o menino pudesse responder, apareceu o namorado e a moça jogou-o no chão.

Mães: Pestinha! Manchou meu vestido branco com estes sapatos sujos! Suma daqui!

Criança: Hei moça! Volte aqui! Você não é um anjo?

Homens: A criança soluçava quando a mãe a alcançou.

Mães: Filho, não chore a sua mamãe está aqui!

Criança: Mamãe estou cansado, quero colo!

Mães: Eu o carrego, meu anjo!

Homens: A criança aconchegou-se no colo da mãe, levantou a cabecinha, e com a alegria das grandes descobertas: mamãe, mamãezinha, mainha. Encontrei! Já sei! *VOCE É O ANJO QUE TANTO PROCUREI!*

HINO - TODA MULHER É MÃE

Melodia hino 512 CC.

Eu bem sei que a mamãezinha
Com bonecas já brincou
Brincou muito de casinha
Comidinha fez com flor
A mãezinha da boneca
Ela foi com muito amor
Como eu ela brincou.

Coro
Mãe quão doce é o mistério
Que envolve a sua vida
Mãe ninguém bloqueia a fonte
Do seu amor por mim.

Há mulheres que na vida
Diferentes das demais
Mães de planos e de sonhos
Lutando por ideais.
Joana D'arc pela causa
Dos franceses padeceu
Toda mulher é mãe

Na guerra, mãe dos feridos.
Sem fronteiras, raça ou cor.
Sem filhos, mães adotivas.
Entregando o próprio amor.
Preconceitos não existem
Nem barreiras, nem temor.
Toda mulher é mãe!

DIA DOS NAMORADOS

Sonhar como todo o mundo.
Não! Sonhar como poucos!
Sonhar como ninguém!
Um sonho tão forte
Que sobrepuje a dor
Intenso como a cor do céu
Em dias de primavera!
Um sonho jamais sonhado!
Mergulhar no sonho
Perder-se no sonho
Lambuzar-se no Sonho
Proteger o sonho, da hipocrisia
Da maldade, da descrença
Viver é sonhar.
Cerrar os olhos físicos
Escancarar as Janelas da ama
Seguir uma linha imaginária
Rumo ao infinito e descansar em paz!

VIVEREI COM VOCÊ

Viverei com você
Porque o amo
De um jeito
Muito especial
E terno.
Porque você
mostrou
Um amor real
Que é ajuda
Aconchego
Não é bolha
De sabão
Que estoura no ar.
Viverei com você
Porque
O meu Deus
Reservou o seu amor
Só para mim.
E viverei assim
Agradecida
Pela sua presença
Em minha vida.

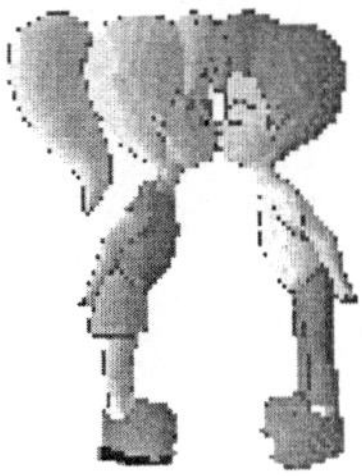

CÉU DE ALGODÃO DOCE

Neli Silva

Se a tua alma geme
E por paixão anseia ainda
Se o teu coração menino
Ainda sonha
Mergulha teu olhar
No céu de algodão doce
E aproveita!
Põe um prateado na tua lida
Enche de domingo
Os dias teus!
Se a tua alma geme
Por paixão anseia ainda
Se o teu coração
Sonhar precisa
Fecha os teus olhos
Respira fundo
Aproveita a vida!

PROJETOS DA ALMA

Que você tenha sempre!
Um novo Sonho,
Um canto singular
Dentro do peito.
Um sorriso Inesperado
Um filho a fecundar
Uma oração a Deus.
Uma Árvore a plantar.
Um Projeto perdido
Na trave do tempo.
Um desejo inconfessável.
Um desatino.
Que saiba Você
Trancar a sete Chaves
No fundo da sua alma
Uma força, Uma idéia.
Uma Emoção talvez
Que o tempo jamais
Consiga destruir.

DEUS EM VOCÊ

Quando os seus braços
Abraçam-me fortes
E seus olhos profundos
Encontram os meus,
Em Você
Vejo Deus!
Misteriosa força
Envolve o meu ser.
Em vão meu coração
Busca o porque
Desta Graça.
Quando vejo Deus
No brilho apaixonado
Deste seu olhar
Descubro finalmente:
A força
Misteriosa
Que envolve
O nosso ser
É a Presença de Deus!

MEDITAÇÃO

Dia dos Avós

A FÉ NÃO FINGIDA

"Trazendo à memória a fé não fingida que em ti há, a qual habitou primeiro na tua avó Loide".
(II Timóteo 1.5)

Há herdeiros de terras, mansões, iates, ações. Timóteo, porém, fez-se herdeiro de um tesouro espiritual que habitou primeiro no coração de uma grande mulher, sua avó Loide: "A fé não Fingida".

Feliz e Abençoada é a mulher que a despeito de toda a sorte de doutrinas, todo engodo e falsidade, consegue com determinação calcar na mente do filho ou neto o apego á autêntica e genuína fé em Nosso Senhor Jesus Cristo.

Que neste Dia da Vovó, o exemplo de Loide fale aos nossos corações! - ***Lembrando-nos a "Velha História" do grande Salvador e a Beleza da fé não fingida.***

(Sugere-se o hino 93 N. C).

SUAVE COMO UM SONHO

Vovó querida e singela,
Seu rosto suave e calmo
Revela profundo amor.
Adora contar histórias,
Descansa no seu tricô.
Cozinha divinamente
Quando cochila sorrindo
Imagino um anjo de paz
Velando seu ressonar.
Seu netinho adorado
Roga ao Deus Eterno
Que abençoe a sua vida.
Que a conserve ditosa,
Decidida e amável!
Boa e generosa!
Fervorosa
Fiel
Jubilosa!

HINO PARA O DIA DOS AVÓS

(Melodia: hino 542. Cantor Cristão).

I

Ao vovô eu quero bem
A vovó amo também
São fieis servos de Deus
E trabalham para o bem.

Coro
Vovô trabalha
Vovó trabalha
Sempre com amor
São servos do Senhor

II
A vovó a tricotar
As vezes a cochilar
O vovô a consertar
O fogão para o jantar.
III
A vovó a cozinhar
Cheia de felicidade
O vovô a preparar
A lição da Sociedade

DIA DO ADOLESCENTE

"Lembra-te do teu criador nos dias da tua mocidade, antes que venham os maus dias, e cheguem os anos. Dos quais venhas a dizer: Não tenho neles contentamento.(Ecl 12.1)

ACRÓSTICO

(11 moças ou rapazes, portando as letras).

A sua vontade é lei. Não há prerrogativas
Desejos e mais desejos surgem a cada instante
Todos – Explodem no seu coração!
Orgulhoso, prepotente.Já lhe chamaram assim?
Todos – Você fez por merecer!
Lentidão e uma pressa enorme..
Todos – Decida-se: O que vai ser?
Energia? Você tem de sobra! Basta fazê-la render!
Sucesso? Você pode alcançar
Todos - Quando a firme mão de Deus
agir no seu caminhar
Carinho? Sua alma anseia como a planta anseia a luz!
Todos – Mas cuidado, meu amor!Não corra de flor em flor!
Emoção?É o aditivo que regula seu motor!
Novidade? Que beleza! Sinônimo de Felicidade
Tímidos, Extrovertidos, preguiçosos,
atrapalhados, criativos.
A variedade é imensa, porém o lema é um só!
Todos - Esquecer a Razão para Ouvir o coração!
E agora meu amigo?Mostramos a toda gente as alegrias e
Os inconvenientes de ser um adolescente!
Todos -Aceita uma sugestão?
Viva todos os seus dias
Em comunhão com o seu Deus.
Não abra mão do Senhor
Só ele tem as respostas
Para a pergunta que for
Só ELE entregou a Vida
Para provar seu amor
Só ELE inspira os versos
Que em seu Nome componho
E seu futuro com ELE
Será florido e Risonho!

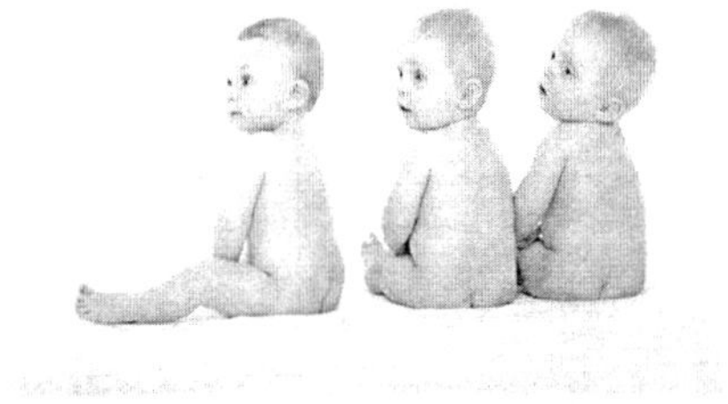

Reflexão

"OS FILHOS SÃO A ALEGRIA DOS PAIS". SÃO?

Quando nascem, a casa que mais parecia uma flor
adormecida, enche-se de festa! Os nossos olhos
Reluzem como farois em noite escura.
Ao crescerem, as suas travessuras provocam risos.
As suas dores, inquietações.
Quando adolescentes, já trocamos aquela luz
De alegria por uma velada sombra de preocupação.
Casam-se. Seguem suas vidas. Porém as preocupações
permanecem.
"Os filhos São a Alegria dos Pais".
Diante deste quadro alguém pode até pensar que não.
Mas faltou contar da alegria dos primeiros passos.
Da boquinha adorada balbuciando: Ma. Ma.
Do Primeiro dia de aula!
Da festa da formatura! Do nosso olhar carinhoso
Faltou contar da luz forte que emana da nossa alma.
Da emoção indescritível que nos apanha de surpresa
quando fitamos o rosto amado da nossa "cria".
É.. Faltou contar!
A Bíblia tem razão como sempre.
"Os Filhos São alegria dos pais".

Diálogo - (Para um adulto e uma Criança)

PAI ESQUECIDO

Pai - Escute meu filho (a), ontem, lendo o meu jornal fui tomado de opressivo remorso. Inquieto, entrei de mansinho no seu quarto e fiquei acompanhando com apreensão o seu ressonar.

Filho (a) - Não entendo, papai.Remorso por que?Você é maravilhoso!

Pai - Não, filho (a), ontem não fui nem um pouquinho maravilhoso.

Filho (a) - Papai, acho que você está brincando!

Pai - Falo sério!Ontem fui um velho ranzinza e implicante com você nas vinte e quatro horas do dia. Vamos reviver o dia de ontem?

Filho (a) - Sim, papai, mas você vai sofrer de novo!

Pai - Não tem importância, filho (a).Tudo começou quando você sentou-se a mesa para tomar o seu café.

Filho (a) - Bom dia, papai. Estou pronto!Vou para a Escola!

Pai - Vai para a Escola? Com este rosto sujo? Ainda não aprendeu a lavar o rosto! E os cabelos? Não costuma pentear?E vai assim com a camisa toda

Desarranjada, fora das calças? Os tênis estão sujos demais. Já inventaram agua e sabão! Quer dizer que o MEU FILHO vai assim para a Escola?

Filho (a)- Desculpe, papai.Pensei que o meu rosto estivesse limpo, esqueci

De pentear os cabelos (derrama o leite na toalha) ah! Derramou!

Pai (imitando) Derramou! Viu o que você fez?Derramou o leite na toalha branquinha. Coma devagar e com a boca fechada, ta?

Filho (a) ta bom, papai, desculpe.

Pai - E não ponha tanta manteiga no pão! Tire os cotovelos de cima da mesa.

Filho (a) - Desculpe, paizinho.Eu quero acertar.Vou aprender!

Pai - E ainda por cima, vai acabar perdendo a hora!Vai! Não fique me olhando desse jeito! (a criança ao levantar-se deixa cair o livro)

Ah!Desastrado! Deixou cair o livro! Carregue o material com cuidado!

Filho (a)- Sim, pai...

Pai - E olhe a postura! Endireite os ombros!

Filho - Desculpe, pai, desculpe. (Pausa - pai e filho olham-se tristes).

Pai - Viu, filho (a), viu que pai maravilhoso fui?

Filho (a) - Já esqueci, papai. Você não fez por mal.

Pai - Não fiz por mal? Como não? Quando voltei do trabalho, você estava de joelhos brincando com os seus colegas, lembra-se?

Filho - Sim, papai, adoro brincar com bolinhas de gude!

Pai - Mas num instante acabei com a sua alegria. Vi dois furos enormes nas suas meias.Humilhei-o diante dos seus amiguinhos, mandando que entrasse comigo para casa. E ainda não satisfeito, concluí com severidade: As meias são caras, menino, mas o dinheiro não sai do seu bolso, não é pestinha? Imagine, filho, ouvir isto de um Pai.

Filho (a) - Papai, você é bom. Só estava nervoso!

Pai - Mais tarde, eu lia na sala, e você entrou tímido, com um brilho de mágoa no olhar.

Impaciente, levantei os olhos do jornal. Você hesitou na porta da sala, e eu:

O que você quer agora?

Só dar um beijo de boa noite!

Pai: Você correu pela sala e atirou-se sobre mim. Os seus bracinhos me apertaram com o amor que Deus fez florescer no seu coração e que nem a minha negligência e maldade conseguiram reprimir.Depois, você subiu as escadas correndo.

Filho (a) - Paizinho, naquela hora eu estava um pouco triste, mas agora já passou.

Pai - Mas o que será de mim, se me escravizo a este hábito de viver repreendendo você?Esta é a única recompensa que lhe dou por ser um bom menino?Porque sei que você é um bom menino, tanto é que veio correndo dar-me um beijo de boa noite, depois de tudo!

Filho (a) - Então, paizinho, o que propõe para que se sinta melhor?

(Pai olhando firme nos olhos do filho)

-Eu prometo solenemente que a partir de agora serei um Papaizinho de Verdade!

Serei mais Amigo, sofrerei quando você sofrer, não humilharei você diante dos seus colegas, ensinarei com Amor, sorrirei com você, até brincaremos juntos, morderei a língua quando me brotarem palavras impacientes.Direi repetidas vezes como em prece: Ele é apenas um menino, uma criança!

Filho (a) - Não, papai, já sou um homenzinho, e estou ficando cada dia maior, logo

Serei tão inteligente e maravilhoso como você!

(O Pai dá uma gostosa risada. Abraçam-se).

(este texto também pode ser adaptado para encenação)

Adaptação para diálogo – página de autor desconhecido

SENHOR PAPAI

Peça inspirada no relato de Elizabeth Zekveld Portela.

Elenco: crianças: Jéssica, Natalia, Kelly, Felipe, Matheus, Homem, jovem ou senhora - Uma jovem ou Senhora. - Cena 1 - Crianças no palco brincando ou conversando.Felipe olhando pela janela.

Felipe - Não acredito!Aquele homem ainda está lá...

Kelly - Por que será que ele não vai embora?

Natalia - Ele não tem casa, sua boba!

Jéssica - Porque ele não senta?

Matheus - Por que fica sempre de pé? Parece uma árvore!

Felipe – Porque não tem casa, não tem cadeira. Cada pergunta boba!

Matheus – Não sei não. Acho melhor a gente ficar longe dele!

Kelly - Outro dia eu vi você Matheus levando comida pra ele.

Matheus – Melhor ficar longe, pode ser um bandido!

Jéssica - Estou com muita pena dele.

Kelly - Ele está barbudo, com os cabelos desgrenhados e muito sujos.Parece um louco.

Felipe – Ah!Chega!Estou ficando desesperado com esta estória.

Kelly - Vamos inventar uma brincadeira, é disso que estamos precisando pra esquecer este homem!

Felipe – Natalia, como foi seu passeio ao circo no outro dia? (as crianças sentam-se e Natalia começa a contar. Mas dali a pouco Matheus vai à janela).

Matheus - Olhem onde ele está agora.

Felipe (Correndo á janela) – está deitado na sombra da enorme mangueira que é a casa dele

Natalia (indo à janela) – Não podemos ficar aqui só olhando.

Kelly - Este homem está completamente sozinho no mundo, precisamos ajudá-lo...

Jéssica - Nunca vi alguém tão abandonado. Dá até vontade de chorar!

Matheus - Mas como? Somos apenas crianças e eu sinto tanto medo!

Natalia - Minha mãe sempre fala que não devemos falar com estranhos.

Felipe - Isto é verdade, olhem para ele: está magro, pálido, olhos fundos, e além do mais, somos cristãos.

Olhem Está magro, pálido, olhos fundos, com uma cara horrível!E, além do mais: Somos Cristãos!

Jéssica - O Felipe tem razão. Somos responsáveis por ele...

Natalia - Eu tenho medo!

Matheus - Eu estou me borrando de medo!

Jéssica - Mas como você é medroso! Afinal você é um homem ou um abacate?

Matheus - Um homem medroso.

Kelly - Mas então vamos ficar aqui só olhando e tremendo como se ele fosse personagem de um filme de terror?

Jéssica - Não! Isto seria monstruoso, afinal somos crianças que tem o Senhor Jesus no coração!

Matheus - Felipe, você está tão quieto. Está com medo também? Afinal você é um homem ou um rato?

Felipe – Quieto aí, homem medroso!Estou aqui pensando porque Deus sendo amor e misericórdia permite isso?

Natalia - Pode ser que Deus esteja querendo que façamos a nossa tarefa.

Matheus - Qual tarefa?

Kelly - A tarefa de Salvar aquele homem!

Jéssica – Deus deve estar muito ocupado. Já pensaram quanto serviço deve ter em cima da mesa dele?

Felipe – É verdade, também com tantos problemas sérios. Deus deve estar precisando de uma mãozinha.

Natalia - Estamos perto do dia dos pais. Será que este homem é pai de alguém?

Jéssica - Outro dia eu o vi triste, com os olhos fitos num ponto perdido do horizonte, será que pensava no filho?

Felipe - Chega de tantas perguntas: *QUEM TOPA ARRISCAR-SE POR ESTE DESCONHECIDO?* (pausa)

Natalia - Eu topo, porque o Senhor Jesus nos amou primeiro. Deu a sua vida por nós!

Kelly: - Se o Senhor Jesus fez isto, Eu ajudarei este desconhecido!

Todos assumem o compromisso.

Jéssica - Acho que precisamos de um cérebro!

Matheus: EU TENHO UM!

Natalia - Como você é bobinho... *UM CÉREBRO PENSANTE ELA QUIS DIZER!*

Jéssica - Alguém que faça um plano!

Felipe - parem de dizer bobagens, mas quanta besteira a gente ouve nesta vida! Vamos começar orando por ele!

Natalia - Mas, nem sabemos o nome dele!Vamos chamá-lo de que?

Jéssica: - De Sr. Abandono!

Kelly - Não. Sr.Abandono é muito triste.

Matheus – Porque não o chamamos de Sr. Papai?

Felipe: - Sr. Papai está bom. Ele deve ser pai de alguém. Vamos começar orando para que Deus lhe de um abrigo

Narrador: e as crianças suplicaram muitos dias pelo Sr. Papai.

Cena II – Crianças conversando. Entra Felipe

Felipe - Gente coloquei a descrição do Sr. Papai em dois jornais.

Natalia - Eu fui com a mamãe a uma emissora de rádio e lá falamos do Sr. Papai.

Jéssica - A minha igreja está orando por ele.

KellyLolhando pela janela – estamos orando e fazendo estas coisas, mas ele continua lá debaixo da árvore.

Natalia (olhando pela janela) - Gente o pior não é isto! Está ficando escuro, vai cair um temporal!

Jéssica - E agora? O que faremos?

Matheus - Vamos deixar o pobre homem debaixo de um temporal?

Kelly - E agora Cérebro, o que faremos? (pausa – Felipe andando de um lado para o outro)

Felipe – O que precisamos fazer. Vamos buscar o homem!

Jéssica – Buscar o Sr. Papai?

Kelly – Lógico! Socorrer o Sr. Papai.

Felipe – É Kelly, mas parece que estão todos morrendo de medo. Olha a cara deles?

Matheus – Eu não estou com medo, Sou um Homem!

Natalia – Homem ou não, Matheus, agora precisamos agir! (entreolham-se assustados)

Jéssica – Vamos orar antes?

Narrador – E oraram e as pernas tremeram. Depois cheios de esperança e fé foram falar com Sr. Papai.

O homem entre surpreso e emocionado, docilmente acompanhou as crianças até a casa de Felipe.

Cena II – Sr. Papai entrando na casa, sem jeito, olhando tudo com desconfiança.

Natalia – O Sr. pode sentar-se.

(homem senta-se e olha emocionado para as crianças)

Homem – Sr. Papai? Por que me chamam assim?

Jéssica – Porque não sabemos o seu nome.

Homem – Sr. Papai.Gostei!

Felipe – Vemos o vemos desta janela todos os dias e estamos oramos pelo Senhor!

Homem – Orando por mim? Por que? Nunca ninguém orou por mim!

Matheus – Porque o Senhor parece tão bonzinho...

Homem – Não consigo entender. Por que oraram por um estranho mal cheiroso e abandonado?

Natalia – Porque Deus o amou antes da fundação do mundo.

Homem (levantando-se) É mesmo? (Pequena pausa)

Felipe – Agora o senhor vai tomar um banho, almoçar, vestir algumas roupas do meu pai, e depois conversaremos.

Homem – Aceito o banho, o almoço e não vejo a hora de me contarem como podem amar assim um estranho!

Fecham-se as cortinas.

Narrador – O Sr. Papai estava agora cuidado, alimentado, porém muito ansioso para compreender o porque deste tratamento tão especial.Queria saber que amor é este capaz de fazer crianças correrem para salvar um estranho.

Abrem-se as cortinas –(Sr. Papai sentado e as crianças sentadas à sua volta).

Kelly – Qual é o nome do Senhor?

Homem – (Pausa) Não me lembro. Não sei.

Felipe (surpreso) Não sabe? O Senhor não sabe?

Jéssica – Onde o Senhor mora?

Homem – Não me lembro. Há uma névoa na minha cabeça.

Natalia – Quem é a sua família?

Homem – (Triste) a minha família... (alegre) São vocês, crianças que oraram por mim. (campainha)

Felipe vai atender. Diante dele uma moça olha-a curiosa.(Após os cumprimentos)

Ela – Ouvi no rádio a descrição de um homem que foi encontrado. Preciso vê-lo agora, por favor!

Felipe – Entre! Ele está aqui! (a moça corre para o Homem)

Moça – Papai! Encontrei você!

Homem (levanta-se emocionado) Filha, minha filha! É mesmo você? (abraçam-se)

Moça (olhando para as crianças) Onde o encontraram?

Felipe – Aqui, bem aqui perto da nossa casa. Venha moça, está vendo aquela árvore ali? Ele morava embaixo dela.

Moça – Embaixo dela? Mas como? Ao relento?

Kelly – Sim moça. As pessoas do bairro cuidaram davam-lhe comida e um cobertor para as noites frias.

Moça – Ah, Pobre Papai!

Felipe – Moça, ele fugiu de casa?

Moça – Fugiu! (tira um dinheiro da bolsa) Preciso retribuir o trabalho que tiveram.

Kelly – Não moça, pode guardar o seu dinheiro. Fizemos por Amor!

Moça – Não compreendo um amor assim por um estranho. Afinal em que se baseia este amor?

Natalia – No amor de Deus. Porque Deus amou o mundo. (recita o versículo)

Jéssica – Quem não ama não conhece a Deus porque Deus é Amor.

Kelly – Amai-vos uns aos outros como eu vos amei.

Matheus (erguendo a mãozinha) Minha vez! Deus é Amor! (todos riem do jeitinho dele)

Felipe – E nada nos poderá separar do amor de Deus!

Moça – Estou impressionada com este Deus Maravilhoso. Um Deus que possui discípulos tão fieis que procuram

Imitá-lo em seu amor, não pode ser desprezado. Quero conhecê-lo!Como poderei fazer!

Matheus – Eu sei o que fazer? (Sai correndo da sala e volta com uma Bíblia) Aqui está a Bíblia do Felipe Vai facilitar porque está toda marcadinha nos versículos mais importantes!

Felipe – Matheus, você acaba de se eleito o Cérebro do Grupo! (riem)

Moça (abraçando O Matheus) Nem sei o que lhe dizer. São tão amorosos.E eu pensando que ia passar o Dia dos Pais sozinhos!

Kelly - A moça queria nos pagar não é mesmo?Tem um jeito de pagar: Cuide muito bem do Sr. Papai!

Moça – Sr. Papai?

Natalia – Não sabíamos o nome dele. O batizamos assim!

Moça – papai essas crianças que cuidaram de você querem saber o seu nome. Diga-lhes o seu nome!

Sr. Papai – (olha emocionado para as crianças) anda devagar, (colocando a mão na cabecinha de cada uma delas falando) – Obrigado...Obrigado...Quando chega na vez de Matheus

Matheus – Seu nome é.

Homem (pensativo) Mas como é mesmo?Meu nome é. Sr. *PAPAI! SOU O Sr. PAPAI!*

SEMANA DA PÁTRIA

Meditação

Pátria: País, porto seguro, lar.Palavra doce e
suave aos ouvidos daquele que
Deitado em berço esplendido, aconchegado
e feliz, tem a alma descansada

e o coração em festa!
Palavra amarga para aquele que traz o coração
cheio de dor, pulsando saudoso
Pela Pátria distante!
Para alguns, Pátria também lembra Deus! Porque
Deus Pai acolherá seus filhos
Na Gloriosa Pátria Celestial.
Portando, quando você sentir-se desfocado, sem
espaço, achando que o mundo está virado
De cabeça para baixo, não permita que o desespero
tome as rédeas da situação.
Você é apenas ave fora do ninho. Está em terra
estranha, longe da sua Pátria.
Vale recordar o Hino – "Sou forasteiro aqui, em
terra estranha estou". (C.C. 208)

DIA DA ESCOLA DOMINICAL – 15.09

Meditação À "Instrui ao menino no caminho em que deve andar, e até". Quando envelhecer não se desviará dele ". (Prov. 22.6)".

É impressionante como as coisas que nos ensinaram na infância ficam para sempre gravadas em nossos corações. A palavra sábia da mãe, a orientação a tempo do pai, a repreensão bondosa da tia, as lições da professora, os conselhos do Pastor.Tudo fica contabilizado em nosso interior, determinando a nossa direção na vida.Na escola da aprendizagem do Senhor, somos sempre alunos, temos sempre o que aprender e também a alegria e a responsabilidade de passar esses conhecimentos aos outros.

Bendita seja a Escola onde nos deleitamos
com as lições aprendidas.
Onde nos edificamos espiritualmente
e crescemos no Senhor!
BENDITA SEJA PARA SEMPRE A ESCOLA DOMINICAL!

SEMANA DA CRIANÇA

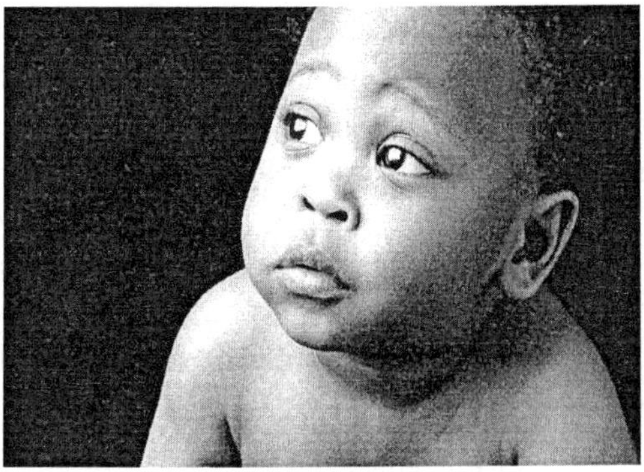

"Assim também não é vontade de vosso Pai que está nos céus, que nenhum um destes pequeninos se perca" (mt 18.14).

O melhor presente que uma criança pode receber na semana dedicada a ela, é conhecer o imenso amor de Cristo pelos pequeninos.

Um amor incompreensível que os destacou como degraus para o Reino dos céus.

Um amor infinito que tomando cinco pães e dois peixes de um pequenino transformou-os em alimento para mais de cinco mil homens.

Um amor tamanho demonstrado de mil formas, como quando muitos tentavam afastá-los do mestre e o Senhor Jesus os chamou para si e os abençoou!

O maior presente que um pequenino pode receber é conhecer o Senhor Jesus. Amá-lo ardentemente. Aceitar o seu Bendito Plano de Salvação.

Hino

PAPAIZINHO

(Melodia: Hino 524 – C.C.).

Papaizinho sei que vivo
No seu coração.
Represento sua esperança.
Sua continuação.

Coro
Os seus olhos amorosos,
Reluzentes, cintilam.
Atentos, cuidadosos.
No meu caminhar.

Sua vida ensinou-me
O caminho do bem.
Aprendi a ser sincero,
A confiar em Deus.

Abraçado ao seu peito,
A Bíblia nas mãos,
Você lia com paciência
Ao meu coração.

Dia das Missões - Meditação

"IDE POR TODO O MUNDO".MARCOS 16.15

Ir é um verbo que demanda ação, movimento
em direção a algo ou
A alguém. O homem pode ir a qualquer lugar
e executar qualquer
Tarefa, obedecendo a um comando
interno que articula seus passos
Em direção ao alvo.Seguindo assim um
esquema físico pré-estabelecido.
Porém o Ide de Jesus deve ser
entendido de corpo e alma.
Ninguém vai e pronto!
O Ide de Jesus requer obediência,
coragem amor, determinação e fé.
Que a nossa luta seja para alcançarmos
o Crescimento Espiritual e um
Excelente estado de prontidão interna
para atendermos sem demora
Ao "IDE" do Senhor Jesus.

IDE! PREGAI!

Ide! Pregai! É imperativo!
Pois se lançares mão do arado
E vacilante olhares para trás
Verás teu inimigo!
Ide! Pregai! É imperativo!
Testemunha de Cristo, com Fervor.
Carrega sem chorar a tua cruz
Ergue os teus olhos
Os campos já branqueiam!
Apressa teu lidar!
Recolhe os frutos.
Com as mãos em prece agradece
A semeadura, a brisa.
A chuva, o sol!
A terra abrindo-se em floradas!
Ergue os olhos!
Vê quantos levam
A preciosa semente
Andando
Chorando
Ergue os olhos!
Nações morrem sem Cristo.
Contempla a multidão
Imersa no pecado.
Ide!Pregai!É imperativo
Redime os dias teus
Anuncia-lhes Deus!

FALAR DE CRISTO

jogral –Missões
(para 4 crianças ou adolescentes)

1 – Pregar o Evangelho é tão difícil.
2 – Abrir a nossa boca! Falar de Cristo.
3 – Romper as barreiras da comunicação.
Todos – Falar de Cristo!
4 – Falar em tempo e em fora de tempo
1 – 2 - De manhã ,de tarde e ao Meio dia
3 – 4 - Debaixo de sol ou chuva
Todos: - Falar de Cristo!
1 – Romper o silêncio
2 – Mudar o rumo da conversa.
3 e 4 - Ser do contra, nadar contra a maré..
Todos - Falar de Cristo.
3 – Quando preferem falar em guerras.
4 -Roubos
2 - Doenças.
1 - Mortes
1 e 2 - Em tudo o mais que
3 -Revolta
4 – Entristece
2 – Assusta
Todos –Falar de Cristo!
3 – O Apaziguador
4 – "Deixo-vos a minha paz".
Todos –Falar de Cristo
4 – O Médico dos Médicos
Todos -Ele levou sobre si as Nossas Enfermidades.
3 – O Legislador
Todos -Dai a César o que é de César.
2 – O Professor
Todos: Ensinar-te-ei o Caminho a Seguires...
1 – Falar de Cristo
3 e 4 - O Salvador

Todos - Porque Deus amou o mundo de tal maneira que Deu o seu filho unigênito para que todo aquele que nele crê não pereça, mas tenha a vida eterna.

1 e 2 - Falar de Cristo

3 e 4 - Em tempo e em fora de tempo

1 – Ele é o nosso refúgio

4 – A Nossa esperança

Todos - A Nossa Salvação!

Bem Aventurada é a Nação cujo Deus é o Senhor!

MÉDICA DA ALMA

Em cada gesto
Em cada olhar
O coração inquieto
Esconde a dor
E cada palavra
Solta, sem sentido.
Pode ocultar
Um desejo escondido.
Dentro do peito
A alma chora
Precisa de cuidados.
Ela chega suave
Cheia de compaixão
Vem apenas ouvir
O relato fiel,
O choro
A confusão.
Ouve sem distração
Com o entendimento
Próprio da Profissão
Este apenas ouvir
Devolve a esperança
Ao coração sofredor
Quando se juntam
Na terra
A solidariedade
E o Amor!

PÁTRIA AMADA

Como sofro por ti,
Ó Pátria Amada!
Imensa!
Carente! Abandonada!
Bilac arrebatado escreveu:
Ama com fé e orgulho
A terra em que nasceste!
O orgulho terminou
Falta a fé de antigamente.
Cadê o sorriso contente!
Ah, Minha Pátria Querida.
De terra fecunda e fértil
Onde os líderes iguais?
Teu povo forte e sofrido
Espera por um milagre!
Que o País sem demora
Reescreva a sua história
Hasteie a sua bandeira
Sorria, suspire fundo.
Volte a ser com orgulho
O melhor País do Mundo!
O que falta nesta terra
Para um futuro
Digno dos filhos seus?
Meu povo!
Só falta Deus!

Jogral

SÊ FELIZ, Ó BRASIL!

(para meninos e meninas)

Meninos: Saudamos-te ó Brasil, Pátria Amada nesta importante data histórica.
Meninas: Depois de muito tempo, muita polêmica, muita luta
Todos: Eis a nossa Pátria: Galharda, Livre, Soberana!
Meninos: Salve! Salve Brasil!
Meninas: Saudamos-te com os versos imortais de Castro Alves
Todos: Auriverde pendão da minha terra, que a brisa
Do Brasil beija e balança!
Meninos: Saudamos-te com a poesia maravilhosa do
Nosso hino:
Todos: Do que a terra mais garrida, teus risonhos lin –
Dos campos têm mais flores, nossos bosques
Tem mais vida, nossa vida no teu seio, mais -.
Amores.
Meninas: Com emoção trazemos á memória D.Pedro às
Margens do Ipiranga:
Todos: Independência ou morte!
Meninos: Com alegria trazemos á memória uma data
Todos: 15 de novembro de 1.889
Meninas: Um homem.
Todos: Marechal Deodoro da Fonseca
Meninos: Um fato:
Todos: A Proclamação da República
Meninas: Nós te agradecemos Senhor, pela libertação.
Política do Brasil.
Meninos: Pela riqueza da nossa fauna.
Todos: Pelo Cruzeiro do sul, brilhando nos céus em
noites estreladas.
Meninas: Salve, salve Brasil!

Meninos; Que Deus te de mais do que riquezas e belezas naturais.

Meninas: Herois e liberdade Política.

Todos: Sonhamos para ti Brasil: Liberdade Espiritual

Meninos: Jesus disse: Conhecereis a verdade e a verdade vos libertará.

Meninas: libertação do pecado por meio da fé em Jesus Cristo, o Salvador.

Todos: Bem aventurada é a Nação cujo Deus é o Senhor!".

ESCOLA DOMINICAL IDEAL

(Jogral para ser apresentado por quatro crianças ou adultos)

1 – Alguém aqui conhece a Receita da Escola Dominical Ideal?

2 – Eu acho que ela deve ser dirigida por líderes convertidos!

3 – Vocacionados por Deus.

4 – Apaixonados pelas ovelhas de Jesus

Todos: líderes que enxergam as almas

1 – Não a cor da pele

2 – O estilo das roupas

3 – O comportamento rebelde

4 – Líderes pontuais!

Todos: Com uma vida de íntima comunhão com Deus!

1 – A Escola Dominical Ideal, deverá ainda:

2 – Preocupar-se mais com a qualidade do que com a quantidade dos seus alunos, mas nem por isso deverá.

3 – Abandonar os faltosos.

2 – A escola Dominical ideal:

3 – Da uma atenção muito especial aos seus visitantes

Todos: (cantam uma melodia de saudação aos visitantes)

4 – E aos seus aniversariantes

Todos: (Cantam um corinho para os aniversariantes)

1 – A Escola Dominical ideal

2 – Promove cursos de aperfeiçoamento para seus professores

3- Ouve sugestões.

4 – Aceita críticas que promovam crescimento

1 – A Escola Dominical ideal

Todos: É fiel ao Ensino da Palavra de Deus.

2 – Sem nada omitir ou acrescentar aos textos sagrados

3 – A Escola Dominical Ideal

4 – Fala do amor dc Dcus

2 – Da Morte e da Ressurreição do Senhor Jesus

3 – Mostra ao pecador o seu pecado

4 – E apresenta-lhe Cristo como O CAMINHO, A VERDADE E A VIDA!

1 – O Senhor Jesus como único e suficiente Salvador

2 – O Senhor Jesus como o Príncipe da Paz

3 - O Senhor Jesus como o Divino Rabi da Galiléia

4 – Que o Senhor Jesus, o Mestre dos Mestres.

Todos: Cubra de bênçãos a Escola Dominical ideal!

VAMOS À ESCOLA DOMINICAL.

Adaptação do hino 545 C.C. - (Jogral para seis pessoas)

Todos - Vamos todos alegres à Escola este livro de Deus Estudar

1.2.3 - Boas Novas ouvirmos de Cristo

4.5.6 - E favores reais alcançar

Todos - Oh! Oh! Vem!

1.2.3 - Vem!

4. 5.6 - Vem!

Todos - VEM!

1.2.3 - Sim vem à Escola comigo ouvir boas Novas do Céu

4.5.6 - Boas coisas ali aprendemos da Bendita Palavra de Deus. (O grupo canta a primeira estrofe do hino)

Todos - Vamos todos alegres à Escola desejando louvar ao Senhor

1.2.3 - Seus conselhos ouvir com respeito

4.5.6 - Que se ensinam ali, com amor.

Todos - Oh!Oh! Vem! Vem!

1.2.3 - Sim, Vem à Escola comigo ouvir Boas novas dos Céus.

4.5.6 - Boas Coisas ali aprendemos DA BENDITA PALAVRA DE DEUS

(O grupo canta a segunda estrofe do hino)

1.2.3 – Ó Jesus sê presente na Escola, protegendo-nos com seu poder.

4.5.6 - Vem fazer que do estudo aqui feito, muitos frutos possamos colher.

Todos - Oh! Oh!Vem!

1.2.3 - Vem!

4.5.6 - Vem!

Todos - Vem!

1.2.3 - Sim, vem á Escola comigo ouvir boas novas dos céus!

4.5.6 - Boas Coisas ali aprendemos da Bendita Palavra de Deus! (O grupo canta a terceira estrofe do hino 545 CC. encerrando o jogral).

JESUS, O MESTRE DA MAIOR ESCOLA.

(Para adolescentes ou adultos).

Todos: E o menino crescia.
1 – Crescia como uma semente em gestação.
2 – – Como uma flor.
3 – Como um sol, iluminando tudo.
Todos: Como uma prece elevando-se ao altar de Deus.
1 – Como um poema angelical.
2 – Como um rio em direção ao mar
3 – Como um sonho divino tornado realidade.
1 – Crescia
Todos: CRESCIA!
1 – E se fortalecia em espírito
2 – Graça
3 – Misericórdia
1 – Sabedoria
2 – Amor
Todos: E a graça de Deus estava sobre ele.
3 – Com 12 anos, um dia, perdeu-se de seus pais.
2 – Perdeu-se como muitas crianças.
1 – Perdeu-se como poucas crianças
Todos: Perdeu-se!
3 – Perdeu-se para buscar o aflito
2 – Foi achado depois de três dias
1 – Onde estava o menino?
2 – Onde?
3 – Onde?

1 – No templo, assentado entre os Doutores.
3 – Iniciando a primeira Escola Dominical do Mundo!
1 – E todos os que o ouviam
3 – Admiravam-se com a sua sabedoria
Todos: Jesus! O Primeiro Divino Mestre
2 – Começando a questionar a mente humana
3 – Iniciando um grande ministério
1 – Jesus perdendo-se.
2 – Para encontrar o coração do homem
Todos: Jesus, o Mestre dos Mestres!
1 – Obrigado Jesus, pelo doce conforto que representa.
2 – A Escola Dominical que criaste
3 – Obrigada Jesus!
1 – Pela Bíblia, pela luz!
2 – Pela fonte de sabedoria
3 – Que jorra de ti!
Todos: Obrigada pela maravilhosa! Sublime! Grandiosa Escola Dominical!

CONVERSA ANIMADA

(três crianças)

Primeira Criança: Gente! Aquele irmão encheu o peito e viram?

Cantou com uma voz maravilhosa.Impressionou!

Segunda Criança: E aquele conjunto de mulheres? Também louvou ao Senhor de forma excelente!A minha mãe que é professora de canto,comentou que não erraram nenhuma nota!

Terceira criança: E aquela poesia? Nunca vi nada igual! Olhem eu queria saber declamar daquele jeito!

Primeira Criança: O irmão cantou divinamente bem. O conjunto brilhou! Aquela irmã talentosa declamou divinamente. Só que..

Segunda Criança: Só que o meu pai leu um versículo lindo na Bíblia ...

Terceira Criança: Eu sei o que você vai dizer porque minha mãe também já leu este versículo pra mim!

Primeira criança: e afinal, este versículo diz o que?

Terceira Criança: diz "Da boca da Criança Sai o Perfeito Louvor".

Primeira Criança: Não acho não! Uma criança não canta tão bem, não declama tão bem, não sabe nem falar direito!

Segunda Criança: É mesmo, este versículo, está errado!

Terceira Criança: Não! Tudo o que está na Bíblia está certo!

Primeira Criança: Não concordo! Olhem. Aí vem a Sandrinha, vamos perguntar a ela!

Segunda Criança: Sandrinha vem aqui!

Sandrinha: O que é? Por que parecem tão inquietas?

Terceira Criança: Porque meus amiguinhos não acreditam na Bíblia!

Todas: Da boca da criança sai o perfeito louvor!

Sandrinha: E por que não acreditam? A Bíblia nunca falha! Deus exaltou as crianças, porque elas não tendo ainda muitas habilidades, fazem as coisas com o coração!

Primeira Criança: Ah.Então é isso!

Segunda Criança: Nunca pensei que fosse assim...

Terceira Criança:Mas eu não disse que o Senhor Jamais erra?

TODAS: SIM, O SENHOR JAMAIS ERRA: DA BOCA DA CRIANÇA SAI O PERFEITO LOUVOR

DIA D CRIANÇA EXCEPCIONAL

♣Conversando Com Mamãe♣

Mamãe sou alegre mesmo que às vezes meus
Olhos não demonstrem alegria.
Sou forte, apesar desta aparência frágil.
Sou inteligente mamãe, entendo tudo!
Apesar desta expressão vazia.
Sou carinhosa, mesmo quando os outros
Não percebem meu corpo ansiando
Por um afago. E devo ser muito bonita, mamãe.
Porque seus olhos
Brilham intensamente ao contemplar-me
Mamãe sou igual às outras crianças, assim:
Não deixa o seu trabalho, por minha causa.
Não deixa de sorrir, por minha causa.
Não deixa de passear por minha causa.
Não abandona uma boa leitura por minha causa.
Não abandona a sua vaidade, por minha causa.
Eu lhe suplico: Não me proteja demais!
Não esqueça seus projetos de vida, por minha
Causa.Eu imploro: Não deixa de viver a sua vida
por minha causa.
Sou igual ás outras crianças, mamãe.
Por favor, me trata como igual!

Neli Silva

Dia dos Professores

QUERIDA PROFESSORA

Professora, diz.
Por favor.
De onde você tirou
Esta calma
Esta paciência
Este amor.
Professora, diz.
Por Favor.
Quem ensinou você
A amar assim
Sem discriminação.
A enxergar
Nossas fraquezas
Com olhos de compreensão
Nossas vitórias com olhos de festa
Nossas derrotas com os olhos
Do coração?
Professora
Quem segredou
Ao seu ouvido
Que apesar
Da conta dificil
Que não sei fazer
Apesar da Análise
sintática
Que não consigo entender,
Sou um aluno
Apaixonado
Pelo seu jeitinho

carinhoso
De ensinar.
Digo mais:
Seguirás sempre
Semeando flores
Em pedregulhos
Acendendo luzes
Na escuridão.
Eu também
Mesmo distante prometo
Não esquecerei
A lição porque
Seguirás comigo
Eternamente
Dentro do meu Coração

DIA NACIONAL DE AÇÕES DE GRAÇAS

Meditação

CONTA AS BENÇÃOS

Não! Eu não invejo ninguém! Eu tenho tudo, Senhor! Na manhã cheia de sol eu me sinto feliz como os pássaros que abandonaram o mistério dos ninhos

E são notas de música na pauta dos caminhos. (J.G.de Araújo Jorge)

No dia Nacional de Ações de Graças que tal refletirmos sobre a graça infinita de termos tudo? Pense, amigo: após a posse da Vida Eterna, tudo o mais se revela secundário, supérfluo, insignificante!

Deus nos presenteou com a Eternidade! Como se isto não bastasse, em sua infinita Misericórdia, ganhamos ainda: Paz! Interir O Nosso pão de cada dia! Trabalho! Idéias! Esperanças que se renovam a cada amanhecer e ainda o privilégio de adorá-lo na Beleza da sua Santidade!

Derramemos as nossas almas em Ações de graças todos os dias das nossas vidas.

Que os nossos vôos não causem inveja, mas levem outros a ansiarem por este carrossel de bênçãos!

Sugestão – Hino 63 N.C

Renovação

Como o vôo do condor
Na amplitude dos céus
Também o meu coração,
Transbordante de amor
Alcança a imensidão
Louvando a ti, Senhor!

Os versos que componho
Para o teu Santo Louvor
Falam da minha paixão,
Falam da minha fé
Traduzem o grande amor
Que sinto por ti, Senhor!

A melodia que canto
Pelo seu poder e graça
Renova todo o meu ser.
Desperta sonhos dourados
Anseios adormecidos
Projetos inacabados.

Minha canção ó Deus
Firmada na Salvação
Fortalece o meu viver.
A melodia que canto
Ameniza o meu sofrer
Embala o meu coração

Como o canto do Condor
Na amplitude dos Céus
Que a canção de minh'alma
Ecoe por todo o mundo
Para a glória do Senhor
Supremo Deus Criador!

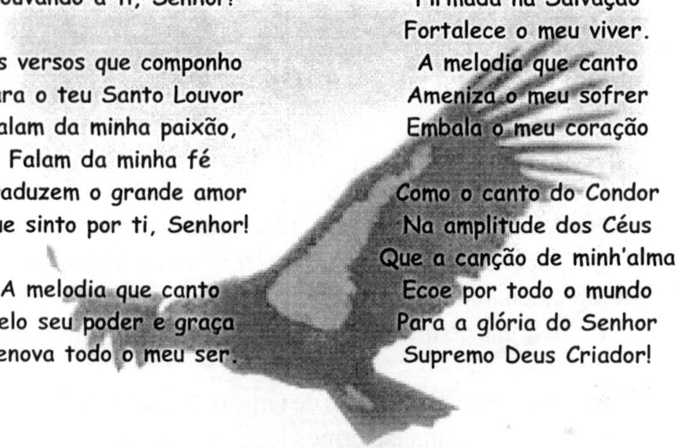

Neli Silva

SALMO 27 – (JOGRAL – 4 PESSOAS)

Todos – O Senhor é a minha luz e a minha salvação.
A quem temerei?

1.3 – O Senhor é a Fortaleza da minha vida
Todos – A quem temerei?
3 – Quando malfeitores querem me destruir
Todos – Eles é que tropeçam e caem
4 – Ainda que um Exército se acampe contra mim
Todos – Não temerá o meu coração
2.3 – Uma coisa peço ao Senhor e a buscarei
Todos – Que eu possa morar na casa do Senhor
Todos os dias da minha vida.
1.2.3 – Para contemplar a formosura do Senhor
Todos – E meditar no seu templo.
3 – Pois no dia da adversidade
Todos – Ele me esconderá no seu Pavilhão
1.2.4 – Elevar-me-á sobre uma rocha
2.3 – Exaltará a minha cabeça acima dos meus inimigos
Todos: Uma coisa peço ao Senhor e a buscarei:
Que eu possa morar na casa do Senhor todos os dias
da minha vida
Do Senhor todos os dias da minha vida
1.2 – Não me escondas, Senhor a tua face.
1.2.3 – Tu és o meu auxílio
3.4 – Não me recuses, nem me desampares!
Ó Deus da minha salvação.
1.2.3 – Porque se meu pai e minha mãe me deixarem
Todos: O Senhor me acolherá
1.2 – Ensina-me Senhor o teu caminho
3.4 – Uma coisa peço ao Senhor e a buscarei
Todos – Que eu possa morar na casa do Senhor,
todos os dias da minha vida, para contemplar
a formosura do Senhor e aprender no seu templo.
LOUVADO SEJA PARA SEMPRE O NOME DO SENHOR!

A MISERICÓRDIA DE DEUS

(adaptação do salmo 136) - (Jogral para 4 pessoas)

Todos: Rendei graças ao Senhor porque ele é bom, porque a sua misericórdia dura para sempre.
1 – Rendei Graças ao Deus dos Deuses
Todos – Porque a sua Misericórdia dura para sempre
2 – Rendei Graças ao Senhor dos Senhores
Todos – Porque a sua misericórdia dura para sempre.
3 – O Único que opera grandes maravilhas
Todos – Porque a sua Misericórdia dura para sempre
4 – Aquele que com entendimento fez os céus
Todos – Porque a sua misericórdia dura para sempre
1 – Aquele que estendeu a terra sobre as águas
Todos – Porque a sua misericórdia dura para sempre
2 – Aquele que fez os grandes luminares
3 – O sol para presidir o dia,a lua e as estrelas para presidirem a noite.
Todos: Porque a sua misericórdia dura para sempre
1.2.3. - Aquele que feriu o Egito nos seus primogênitos.Aquele que tirou a Israel do meio deles com mão poderosa e braço estendido.
Todos: porque a sua misericórdia dura para sempre

4 – Aquele que separou em duas partes o Mar Vermelho. e por entre elas fez passar a Israel

1.2.3.- Mas precipitou no mar Vermelho ao Faraó e ao seu exército.

Todos: Porque a sua misericórdia dura para sempre

3 – Aquele que conduziu o seu povo pelo deserto

Todos – Porque a sua misericórdia dura para sempre

2 – Aquele que feriu Grandes Reis

1.2.3 – E deu a morte a Reis Famosos:

1– Siom Rei dos Amorreus

2 – Ogue, Rei de Basã

1.2.3 – E deu as terras deles em herança a Israel seu servo

Todos: Porque a sua misericórdia dura para sempre

1.2.3 – Aquele que se lembrou da nossa humilhação e nos remiu dos nossos inimigos aquele que dá mantimento a toda a carne.

Todos: *LOUVAI AO DEUS DOS CÉUS PORQUE A SUA MISERICORDIA É PARA SEMPRE.*

DIA DA BÍBLIA

Peça em um ato.

Elenco – Crianças: Débora, Ana, Kelly, Jéssica, Matheus e Felipe.

Um homem – uma moça ou Senhora

Acessórios: Bíblia – bolsa, cobertor, fogareiro, duas panelas, pão, uma camisa, uma calça, um vidro de xarope. Um par de chinelos

Cena: crianças brincando, de repente uma delas grita:

- Olha o homem do saco!

(neste instante um homem sujo com um saco nas costas atravessa o palco. As crianças escondem-se).

(Reaparecem quando ele some).

Débora: o que será que ele tem no saco?

Felipe: Acho que é um Papai Noel desempregado porque ainda não chegou o natal.

Ana: Tenho até medo de falar, mas acho que ele rouba as crianças e esconde as pobrezinhas no saco.

Felipe: Acho que ele leva as crianças pro circo

Débora: E lá as coitadinhas trabalham duramente a pão e água.Ai!Que medo!

Ana: Acho que elas servem de comida para os leões! Ai!

Felipe: Será que ele pega mesmo todas as criancinhas?

Débora: Acho que só pega as feias e exibidas.

Ana: Pois eu acho que ele só pega as meninas chatas e birrentas e os meninos mandões e malcriados.

Felipe: Pois eu tenho certeza que ele só pega crianças desobedientes que não oram nem vão à Escola Dominical.

Débora: E vocês não sabem da maior: Ele come crianças!

Ana: gente!Vou correndo avisar o meu priminho.Ele vive na rua!

Felipe: Já pensaram? Ele pode ser um milionário disfarçado.Eu assisti um filme assim.

Débora: Isto! Ele deve ser algum ricaço cheio de manias, que só faz o que tem vontade, na hora que bem entende.

Felipe: Pois eu acho que ele não faz nada, é apenas um andarilho solitário.

Débora: De qualquer jeito, vou embora.Tchau!

Narrador: Num ponto todos concordavam: Melhor fugir daquele homem! Não, todos não! Felipe resolveu ficar na rua sozinho à espera do homem do saco. Felipe, temeroso, foi ao seu encontro.

Felipe: o que o Senhor guarda aí dentro? (apontando o saco)

Homem: Tudo

Felipe: Tudo?

Homem: Eu moro na rua menino e guardo neste saco todas as minhas coisas (tirando do saco e mostrando) um fogareiro, duas panelas, comida, cobertor, uma camisa, uma calça, um par de chinelos, um vidro de xarope.Enfim carrego nas costas tudo que preciso pra viver.

Felipe: Então é a sua casa que está dentro deste saco? O Senhor leva sua casa nas costas como um caracol?

Homem: Levo.

Felipe: Então o Senhor não tem nada mesmo?

Homem (agarrando o saco) Tenho Minhas bugigangas!

Felipe: Falo de família, amigos, um gato ou um cachorro...

Homem: Ara, menino e você acha que dá pra carregar estas coisas dentro deste saco?

Felipe: O Senhor deve sentir-se muito sozinho...

Homem: Fazer o que? Carinho é artigo de luxo!

Felipe: O Senhor sabe ler?

Homem: (orgulhoso) Sim eu tenho a leitura!

Felipe (dando-lhe uma Bíblia) É um presente!

Homem (desconfiado) Presente? Hummmm...O que é isto?

Felipe: A Bíblia Sagrada – A Palavra de Deus!

Homem: Palavra de Deus? E por que Deus ia querer falar comigo?

Felipe: Porque o Ama.Veja aqui está escrito (mostra) "Porque o Filho do Homem veio buscar e salvar o perdido"

Homem: Agora você acertou: ESTOU PERDIDO MESMO! (O homem fala devagar folheando a Bíblia como quem procura algo)

Homem – Será que Deus tem uma palavra pra mim? Não! Deve estar muito ocupado. (De repente o homem para com os olhos fixos num versículo que lê silenciosamente.).

Homem: Veja só o que estou lendo parece que é pra mim "Eu sou um pobre necessitado, mas o Senhor está cuidando de mim". Menino, estou emocionado.Foi Deus que mandou você pra mim!Vou ler este Livro todos os dias da Minha Vida! Vou indo garoto e OBRIGADO!

Felipe: (abrindo os braços para a igreja) Estão vendo? Um pouco de carinho

Um pouco de atenção!

E o homem do Saco virou meu Irmão!

DIA DO PASTOR

92

Meditação

Espera-se que seja realmente convertido.
Vocacionado por Deus, capacitado, amado.
Que dê um bom testemunho, seja
um homem de fé, vigilante,
Alegre, irrepreensível como
despenseiro da Casa de Deus.
Que tenha autocontrole. Exemplo de aflição e
paciência.Que não seja dado ao vinho nem
Cobiçoso, de torpe ganância. Fiel á doutrina.
Comunicativo, pontual
e Sinta Genuíno Amor Pelas Almas.
Que neste dia Especial
O Senhor Jesus abençoe
A todos os Pastores!

DIA DO PASTOR - Jogral

1.2.3: Há Pastores.. (tom de crítica)

4.5.6:– E Pastores! (Alto e animados)

1.2.3: Pastores que são atalaias cegos – nada sabem – nada compreendem-dispersam o rebanho.

Todos: Ai dos guias Cegos de Israel!

4.5.6: E Pastores que trazem I Pedro 5.2. dentro d'alma:Apascentai o rebanho de Deus,que está entre vós,

Não por força, mas espontaneamente segundo a vontade de Deus, nem por torpe ganância, mas de boa vontade

Todos: Pastores que verdadeiramente, apascentam o rebanho de Deus!

1.2.3: Há pastores...

4.5.6: E Pastores

1.2.3: Pastores Vaidosos e Orgulhosos

4.5.6: Gananciosos e Prepotentes

Todos: Apascentadores de si mesmos.

4.5.6: Contra eles no passado, Deus demonstrou sua ira.

1.2.3: E hoje, mais de 2000 anos depois,

Todos: Ainda proliferam como moscas no mel.

4.5.6: As ovelhas se perdem...Os pastores orgulhosos repousam em ricos lençóis.

1.2.3: E se dizem Pastores! Há Pastores..

4.5.6: E Pastores ! Como o Pastor Romeu Barbosa da Silva Junior, que no início do seu abençoado ministério confessou:

1.2.3: Não almejo pastorear uma igreja Rica e Poderosa, quero: A mais Pobre,A mais problemática,A mais Difícil

Todos: Quero vê-la Crescer!

4.5.6: Pastor Romeu Barbosa da Silva – um Autêntico Apascentador de ovelhas.

1.2.3: Há pastores...

4.5.6: E Pastores!

1.2.3: Os pastores prevaricaram contra mim e os Profetas Profetizaram para Baal

4.5.6: E andaram após o que é de nenhum proveito

Todos: As igrejas estão cheias de líderes que não lideram coisa alguma: Nada vêem.Nada fazem. Nada esperam. SãoVales de ossos secos.

1.2.3: São pastores...São Pastores? (Pausa) – Há Pastores..

4.5.6:E Pastores como o Reverendo Elben Len César de Viçosa –MG. – Segundo ele é preciso:

1.2.3: Vigiar! Vigiar

4.5.6: Viajar? (Riem)

1.2.3. Não! VIGIAR !

4.5.6.: *VIGIAR O QUE? TUDO: FÉ – AMOR – OPORTUNIDADES - INTENÇÕES*

1.2.3: Vigiar principalmente

Todos: Os calcanhares de Aquiles!

1.2.3: Será mesmo preciso?

4.5.6: Sem dúvida: em tempo e fora de tempo!

T.odos: Pastor Elben: um autêntico Apascentador de Ovelhas.

1.2.3.: Há Pastores

4.5.6; E Pastores!

1.2.3: Porque os pastores se embruteceram e não buscaram ao Senhor – *POR ISTO NÃO PROSPERARAM!*

4.5.6: Não sentem – nem ouvem os gemidos das ovelhas

1.2.3: Estão embrutecidos! Fracassados!

4.5.6: Ai destes Pastores!(Pausa) – Ai das Ovelhinhas

Todos :Cujas almas clamam no vazio.Quem as ungirá?

1.2.3 : Há Pastores..

1.2.3: E Pastores!Como o Pastor Mário de Oliveira que Vigia,Ora,Visita,24 horas por dia!

Todos – Benditos sejam todos os Pastores

1.2.3 – O jogral já terminou?

4.5.6. – Sim, por que o espanto, não era pra terminar?

1.2.3. – Não! Falta falar de um Pastor.Sinceramente, vocês homens em matéria de sensibilidade, às vezes, são um horror!

4.5.6 – Pois saibam suas espertinhas que se de sensibilidade às vezes nós carecemos, estamos cheios de amor,

Não esqueceríamos nunca do nosso querido Pastor!

1.2.3. –Então por que demoraram?

4.5.6. – Porque na vida é assim, quando achamos um grande tesouro, só o mostramos no fim.Fechamos com have de ouro!

1.2.3. – A chave é de ouro, cravejada de diamantes a vida do Pastor (inserir aqui o nome do Pastor homenageado).

Tem sido para esta Igreja um jorrar de bênção constante

4.5.6. – Um contínuo ato de amor

1.2.3. – Um Eterno glorificar!

4.5.6. – Um incansável lidar

Todos – Para as almas perdidas ganhar!

1.2.3. – Pastor (nome do Pastor) O Pai, o Amigo, o ajudador!

4.5.6. – O Professor, O guia, o exemplo!

Todos – O Pastor!

1.2.3. – Por isso neste dia de festa, rogamos ao nosso Deus.

4.5.6. – que o livre de todo o mal, que conserve os dia teus.

Todos – Para a honra e a Glória de Deus!

"Não temais, eis aqui vos trago novas de grande alegria,
que será para todo o povo. Pois na cidade de Davi,
vos nasceu hoje o Salvador, que é Cristo,
o Senhor".(Lucas1. 10.11).

MEDITAÇÃO

O rosto de pedra, de repente é todo expectativa, iluminado por uma luz!

Que vem do coração. O sorriso aflora. Mil vaga-lumes embalando a alma!

A esperança explode!

Não há como conter tamanha alegria, não dá mais para esquecer o sonho!

Adiar o plano, deixar para depois.

Não mais a indiferença, o correr aflito, a resposta apressada, o sorriso distraído.

De repente: Tudo Novo!

O calendário fez a mágica! Dezembro! Jesus Nasceu!

Jesus: As Novas de Grande Alegria.

Jesus: A Novidade de Vida!

Jesus: O Rei dos Reis!

Há dois mil anos abalaram-se as estruturas do mundo! Em singela manjedoura

Cumpre-se a Divina Promessa: Nasce o Redentor!

Isto muda tudo.O homem treme em seus alicerces. A emoção aloja-se inteira, única,

Plena no coração de dura cerviz.

Que magia é essa que resplandece forte no mundo inteiro?

Esta mágica é Deus!

NATAL - Sem Pressa Alguma

Riso exagerado.Mesa farta.Eis o Natal! Alegre-se! Cante, dance!

Mas não exagere! É aconchegante o refúgio do lar neste dia de Graças!

Os presentes, as brincadeiras!Tudo é festa!

Mas este riso debochado, pendurado na sua boca é desperdício quando lá fora não muito longe da sua casa bonita e iluminada homens e mulheres não tem emprego e a solidão sacrifica crianças que não tem Papai Noel.

Quer um Conselho? É Natal! Entra no seu quarto, fecha a sua porta e ajoelha.

Derrama a sua alma aos pés do Senhor Jesus.Suplica-lhe perdão pela mão que você não estendeu ao aflito durante o ano que ora finda. Pede perdão pelas oportunidades de ajudar que você deixou passar porque estava ocupado

Fazendo coisas "mais importantes".

Não faça isto apressadamente como um dever.Faça-o serenamente. Faça-o sem alardes.Ninguém precisa ficar sabendo dessa conversa. Só você e Deus!

Depois de falar, não saia correndo.Fique ali com o coração aberto para ouvir a Voz do Senhor! Tão certo como as nuvens passeiam num céu de algodão doce, como as águas cobrem os mares e como Deus é o mesmo ontem hoje e eternamente, ele vai inspirar a sua vida de um modo esplendido! Vai colocar no seu coração um Novo Plano de Vida, vai ensinar-lhe, um Novo Jeito de Ser.

Você aprenderá com ELE a estender a sua mão, a socorrer o aflito.

Você a princípio pode não querer nada disso, pode preferir gritar, gargalhar.

Estourar seu champanhe.Escancarar a sua boca! Porém, se você realmente pensar no meu Conselho, duvido que vá trocar esta nova chance de felicidade por um prato de lentilhas, por mais saboroso que possa lhe parecer!

Natal

JESUS, O REI DOS REIS.

Diálogo Para Crianças.

Augusto – Tiago estive pensando.Por que o Senhor Jesus o Rei dos Reis numa humilde manjedoura tinha que nascer?

Tiago – Ah, Augusto.Você mesmo respondeu a pergunta que acaba de fazer! Numa humilde manjedoura Ele tinha que nascer para que se cumprissem as profecias.Você não conhece o texto?

Aquela humilde manjedoura é o mais belo exemplo de humildade jamais presenciado pelo mundo!

Augusto – Mas eu não consigo entender: Se Jesus – o Filho de Deus.

O Rei dos Reis numa manjedoura nasceu mostrando ao homem a grande Lição da Humildade, por que ainda assim os homens continuam egoístas, prepotentes, altivos e ambiciosos?

Tiago – Porque não entenderam a lição.O ser humano é complicado demais para aprender lições tão simples assim.

Augusto – Fico maravilhado Tiago por que apesar da presunção humana Deus ainda lança sobre todos seu misericordioso olhar!

Tiago - A Bíblia diz que Deus amou o mundo de tal maneira que deu o seu Filho Unigênito para que todo aquele que Nele crê não pereça mas tenha a vida Eterna.

Augusto – O homem necessita com urgência abrir as portas do coração aceitar a transformação que Vem de Deus antes que se destruam pela violência.

Tiago – E a nossa Pátria, Augusto está um caos.Necessita das bênçãos do Rei dos Reis como a terra necessita da luz do sol.

Augusto – Sim Tiago os homens precisam da sabedoria vinda do Rei dos Reis para governarem bem este nosso Brasil!

Tiago – O Natal precisa sair das páginas dos livros e virar realidade nos corações dos homens.

Augusto – Sim! Que Cristo Jesus, o Rei dos Reis renasça em cada desejo sufocado pela maldade humana, em cada projeto engavetado, em cada sonho não realizado.

Tiago – Em cada idéia pura concebida com amor.Em cada prece sincera...

Os Dois - *SÓ ASSIM ESTE SERÁ DE FATO UM FELIZ NATAL!*

PRÍNCIPE DA PAZ

Página de autor desconhecido, adaptação para jogral. (Para adolescentes, jovens ou senhoras).

1.2.3.4: Na noite de 25 de Dezembro de 1.870, durante o cerco de Paris.

5.6.7.8: Um oficial francês estava na trincheira com a sua companhia de soldados.

1.2.3.4: O frio, fortíssimo! O céu cintilante de estrelas, a lua brilhante!

Sobre a planície coberta de neve.

5.6.7.8: As trincheiras muito próximas uma da outra.

1.2.3.4: E os relógios das Igrejas e dos corações marcando: MEIA – NOITE.

5.6.7.8: Que frio! Será que bater os pés no chão resolve? Pensava alto o oficial Francês.

1.2.3.4: De repente, um soldado forte e de cara inteligente aproximou-se e pediu:

5.6.7.8: Posso sair um instante da trincheira?

1.2.3.4: Nunca meu rapaz!
5.6.7.8: Capitão, por favor.É coisa de um minuto! O Senhor não se arrependerá!
1.2.3.4: Mas então, o que queres fazer?
5.6.7.8: Permita que eu guarde este segredo pra mim.
1.2.3.4: Deixe-me em Paz! O que quer é ABSURDO! Deixa-se um soldado ir a Paris esta noite e quererão todos ir também!
5.6.7.8: Não! É ali que eu quero ir!
Todos: E apontava para as Linhas Prussianas.
5.6.7.8: Por favor, só 3 minutos!
1.2.3.4: Então pode ir!
5.6.7.8: Saltando fora da trincheira...
1.2.3.4: O soldado avançou cinco passos na direção do inimigo.
5.6.7.8: Ouvia-se no silêncio, a neve ranger debaixo dos seus pés...
Todos: De repente o soldado faz continência e com uma voz clara, profunda, canta.
Solista: É Meia noite.(hino
1.2.3.4: O inesperado encheu os olhos dos soldados de lágrimas.
Todos: A trincheira alemã silenciou.*NEM UM PASSO.NEM UM MOVIMENTO DE ARMAS.*
5.6.7.8: Em cada coração uma tristeza.Uma saudade da família.
Todos: Dos filhos reunidos à volta da árvore toda iluminada.
1.2.3.4: Mal ele tinha chegado ao seu lugar, da Trincheira Prussiana saiu um soldado.
5.6.7.8: O soldado avançou cinco passos na direção do inimigo
1.2.3.4: Parou. E no meio daqueles homens armados, dentro da noite, cantou.
Solista: Noite de Paz!
5.6.7.8: E quando acabou de cantar.Um forte e intenso e alegre grito quebrou o silêncio

Daquela noite fria.
Todos: *BOAS FESTAS! FELIZ NATAL! FELIZ NATAL! JESUS NASCEU!*
1.2.3.4: O soldado voltou para as linhas alemãs perdendo-se na noite
Todos: Algumas horas mais tarde as balas começaram a assobiar!

REFLEXÃO

A cada novo ano corações transbordantes de sonhos.
Em cada alma maravilhosas expectativas. Cada um
À sua maneira comemora os últimos instantes do Ano
Velho. Bebida – Varinha Mágica! Tristeza vira alegria
Ansiedade - euforia. Outros saciam
a fome de Paz, Amor,
Aconchego, comendo tudo e mais um pouco.Há os que
Viajam procurando a satisfação, cuja chave está
dentro do Próprio coração.
Para alguns, este Vai ano - Vem ano não significa nada.
Sucumbiram.Já não sonham, não planejam.
Nada esperam.
Só bocejam! Enfim é chegada a hora!
O Presente: Trezentos e sessenta e cinco dias!
Será entregue
Um pouquinho de cada vez, sem desperdício
simplesmente por que
Cada minuto perdido.Cada segundo jogado
ao léu é folha que o
Vento leva e não volta nunca mais!

(Canta-se com a melodia do hino 28. C. C).

HINO – LOUVAI AO CRIADOR

Louvai ao Deus Eterno
Louvai-o nas Alturas
Louvai-o Sol Radioso
E o doce Amanhecer.
Louvai-a Lua Airosa
Iluminado os Vales.
Louvai! Louvai! Louvai!

Coro
Louvai ao Criador
Louvai ao Criador
Montanhas Altaneiras
Deserto Assolador
Louvai ao Deus Eterno
Louvai-o nas Alturas.
Louvai! Louvai! Louvai!

Louvai-o Ventos Fortes
Louvai-oVerdes Campos
Louvai-o Altos Cedros
Louvai ao Criador
Louvem-o lírios alvos
E Montes Orvalhados
Louvai! Louvai! Louvai!

Louvai-o pétrea rocha
E Mares tão Profundos
Louvam-o algas, Usneas.
E Abismos Eternais
Louvai-o Doce Fruto
Louvai-o Feras e Aves
Louvai! Louvai! Louvai!

Louvai-o Universo
Corais encham o Mundo
Com Cânticos de Glórias
Trombetas Ecoem!
Repiquem Sinos D'ouros
Ao Rei dos Reis Eterno
Que o Perdido Encontrou.